Veronika Pichl

GRILLEN

Die perfekten Beilagen

70 Rezepte für das ultimative BBQ

riva

Bibliografische Information der Deutschen Nationalbibliothek
Die Deutsche Nationalbibliothek verzeichnet diese Publikation in der Deutschen Nationalbibliografie. Detaillierte bibliografische Daten sind im Internet über http://d-nb.de abrufbar.

Für Fragen und Anregungen
info@m-vg.de

Originalausgabe
2. Auflage 2024

Türkenstraße 89
80799 München
Tel.: 089 651285-0

Redaktion: Caroline Kazianka
Umschlaggestaltung: Manuela Amode
Umschlagabbildungen: Stephanie Just
Satz: inpunkt[w]o, Wilnsdorf (www.inpunktwo.de)
Druck: Florjančič Tisk d.o.o., Slowenien
Printed in the EU

ISBN Print 978-3-7423-2413-9
ISBN E-Book (PDF) 978-3-7453-2169-2
ISBN E-Book (EPUB, Mobi) 978-3-7453-2170-8

INHALT

Frisch gebacken 53

Aufstriche und Dips 77

Aus der Küche und vom Grill 91

Salate, Dips, Gebäck und Co. – die besten Beilagenrezepte für Ihr Grillbüffet

Das Gelingen einer Grillparty ist nicht nur abhängig vom perfekt zubereiteten Fleisch oder Fisch! Ohne die richtigen Beilagen schmeckt das beste Grillgut nur halb so gut. Mit den Rezepten in diesem Buch erhalten Sie jede Menge Anregungen und können Ihre Gäst*innen mit leckeren, selbst gemachten Beilagen verwöhnen.

Würzige Dips und Soßen, Grillbutter in vielen Variationen, cremige Aufstriche – all das trägt dazu bei, dass Steak, Fisch, Käse und Gemüse vom Grill zu einem unvergesslichen Leckerbissen werden. Verzichten Sie auf die vorgefertigten Varianten aus dem Supermarkt, die oft voller Zusatzstoffe stecken, und bereiten Sie Dips und Co. stattdessen ganz einfach selbst aus natürlichen Zutaten und frischen Kräutern zu.

Ein weiterer Klassiker unter den Grillbeilagen sind Grillsalate. Hier finden Sie Rezepte für Nudel- und Kartoffelsalate, bunte Sommersalate sowie Dressing-Ideen, um Blattsalate und Rohkost schnell in leckere Salate zu verwandeln. Auch frisches Gebäck darf bei einer Grillparty nicht fehlen. Herzbrezeln, Pizza-Faltenbrot, Bubblebread und Kräuter-Fladenbrot sind echte Hingucker und sorgen mit verschiedenen Aufstrichvarianten für reichlich Abwechslung auf dem Teller. Für vegetarisch und vegan lebende Menschen gibt es natürlich ebenfalls viele leckere Beilagenoptionen. Erfrischende Getränke wie Fruit Infused Water, Wassermelonen-Slushie oder Erdbeer-Eistee sorgen für Abkühlung an heißen Tagen.

Mit den Rezepten in diesem Buch und einem Büfett, auf dem Sie alle Beilagen anrichten, wird die nächste Grillparty garantiert zum vollen Erfolg. Lassen Sie sich inspirieren und zaubern Sie mit wenig Aufwand leckere Grillbeilagen, die für jeden Geschmack etwas Passendes bieten.

LECKERE SALATE

Kartoffelsalat mit Spargel, Radieschen und Ei

Zutaten

FÜR 4–6 PORTIONEN

1 kg festkochende Kartoffeln
400 g grüner Spargel
Salz
1 Prise Zucker
1 EL Zitronensaft
1 Schalotte oder kleine Zwiebel
10 Radieschen
1 Bund frischer Dill oder Kräuter nach Belieben
5 EL Essig, z. B. weißer Balsamicoessig
100 ml Gemüsebrühe
3 EL Öl, z. B. Olivenöl
Pfeffer
4 hart gekochte Eier

1. Kartoffeln waschen und in einem Topf mit kochendem Salzwasser 30–40 Minuten garen, dann pellen und in grobe Stücke schneiden.

2. Spargel währenddessen im unteren Viertel schälen und die holzigen Enden abschneiden. Stangen in etwa 3 cm lange Stücke schneiden. In einen Topf legen, mit Wasser bedecken, 1 Prise Salz, Zucker und den Zitronensaft hinzufügen. Spargel 6–10 Minuten (je nach gewünschter Knackigkeit) kochen. Aus dem Wasser heben und abtropfen lassen.

3. Schalotte schälen und in feine Scheiben schneiden. Radieschen waschen, abtrocknen, putzen und ebenfalls in Scheiben schneiden. Dill waschen, trocken schütteln und klein hacken.

4. Kartoffeln, Spargel, Schalotten, Radieschen und Dill in eine Salatschüssel geben. Essig, Gemüsebrühe und Öl untermischen. Mit Salz und Pfeffer abschmecken.

5. Eier pellen und halbieren. Kartoffelsalat mit den Eihälften garnieren. Salat mindestens 30 Minuten ziehen lassen.

Bunter Gemüsesalat

Zutaten

FÜR 4–6 PORTIONEN

1 große Salatgurke
2 rote Paprikaschoten
300 g Kirschtomaten
½ Bund Petersilie
285 g Mais aus der Dose
3 EL Essig, z. B. weißer Balsamicoessig
100 g Schmand, saure Sahne oder Joghurt
Salz, Pfeffer
1 Prise Zucker oder Süßungsmittel nach Belieben (optional)

1. Gemüse waschen, abtrocknen und putzen. Salatgurke und Paprika in kleine Würfel schneiden. Tomaten vierteln.

2. Petersilie waschen, trocken schütteln und hacken.

3. Mais in einem Sieb abtropfen lassen.

4. Alle Zutaten in einer Salatschüssel vermischen und Salat mit Salz, Pfeffer und evtl. Zucker abschmecken. Dann mindestens 10 Minuten ziehen lassen.

Sommersalat

Zutaten

FÜR 4–6 PORTIONEN

1 Salatkopf, z. B. Lollo bionda oder Kopfsalat
1 Bund Radieschen
½ Salatgurke
250 g (bunte) Kirschtomaten
3 EL Öl, z. B. Olivenöl
3 EL Essig, z. B. weißer Balsamico
3–4 EL Wasser
1 TL getrocknete Kräuter, z. B. italienische Kräuter, Dill
1 TL flüssiger Honig oder 1 Prise Zucker oder Süßungsmittel nach Belieben (optional)
Salz, Pfeffer

1. Salat putzen, kleiner zupfen oder schneiden, waschen und trocken schleudern.
2. Radieschen putzen, waschen und abtrocknen, dann halbieren und in Scheiben schneiden.
3. Gurke und Tomaten waschen, dann ebenfalls in Scheiben schneiden.
4. Öl, Essig, Wasser, Kräuter, Honig (falls verwendet), Salz und Pfeffer in einer Schüssel zu einem Dressing verrühren.
5. Salat und Gemüse in eine Salatschüssel geben und mit dem Dressing vermischen.
6. Mit Salz und Pfeffer abschmecken.

TIPPS:

Das Dressing erst kurz vor dem Servieren hinzufügen. Es eignen sich auch andere Blattsalate oder eine Mischung von verschiedenen Salatsorten der Saison wie zum Beispiel Lollo rosso, Feldsalat und Rucola. Mit frisch gehackten Kräutern oder Chiliflocken bestreuen.

Gurkensalat

Zutaten

FÜR 4–6 PORTIONEN

2 Salatgurken
1 kleine (rote) Zwiebel
½ Bund Dill
1 Knoblauchzehe
2 EL Essig, z. B. weißer Balsamicoessig
250 g Naturjoghurt
1 Prise Zucker oder Süßungsmittel nach Belieben (optional)
Salz, Pfeffer

1. Salatgurken waschen, putzen, längs halbieren und in feine Scheiben hobeln oder schneiden.
2. Zwiebel schälen, halbieren und in Scheiben oder Würfel schneiden.
3. Dill waschen, trocken schütteln und hacken.
4. Knoblauch schälen und fein hacken oder pressen.
5. Alle Zutaten in einer Salatschüssel vermischen und mit Salz und Pfeffer abschmecken.

TIPPS:

Zwiebeln und Knoblauch kann man auch weglassen.
Variation: ein paar Radieschen in feine Scheiben hobeln und unter den Salat mischen.

Tomaten-Paprika-Salat

Zutaten

FÜR 4–6 PORTIONEN

5 Tomaten
1 kleine Salatgurke
2 rote Paprikaschoten
2 gelbe Paprikaschoten
2 Schalotten oder 1 Zwiebel
½ Bund Petersilie
½ Bund Basilikum
4 EL Essig, z. B. weißer Balsamico
3 EL Öl, z. B. Olivenöl
1 Prise Zucker oder Süßungsmittel nach Belieben
Salz
grober, bunter Pfeffer

1. Gemüse waschen und putzen.
2. Bei den Tomaten den Stielansatz entfernen. Gurke, Tomaten und Paprika in Stücke schneiden.
3. Schalotten schälen und in Scheiben schneiden. Mit dem Gemüse in einer Salatschüssel vermengen.
4. Kräuter waschen, trocken schütteln und hacken.
5. Essig, Öl, Zucker und Kräuter zum Salat geben und alles gut vermischen.
6. Salat mit Salz und Pfeffer abschmecken.

TIPPS:

Eine Mischung aus Paprikaschoten in unterschiedlichen Farben macht den Salat noch bunter.
Anstatt Salatgurke kann man auch 1 klein geschnittene Zucchini hinzufügen.

Kohlrabi-Karotten-Erdnuss-Salat

Zutaten

FÜR 4–6 PORTIONEN

400 g Kohlrabi
300 g Karotten
200 g saure Sahne oder Schmand
4 EL Essig
1 TL Zucker oder flüssiger Honig bzw. Süßungsmittel nach Belieben
(Kräuter-)Salz, Pfeffer
120 g geröstete Erdnüsse

1. Kohlrabi und Karotten putzen, schälen, fein raspeln und in eine Schüssel füllen.
2. Saure Sahne, Essig, Zucker, Salz und Pfeffer in einer Schüssel zu einem Dressing vermischen.
3. Erdnüsse und Dressing zum Salat geben und alles gut durchmischen.

TIPP:
Salat auf einer Servierplatte anrichten und mit frischer Minze garnieren.

Pizza-Nudelsalat

Zutaten

FÜR 4–6 PORTIONEN

- 300 g Nudeln, z. B. Spirelli oder Hörnchen
- 1 rote Paprikaschote
- 150 g Kirschtomaten
- 2 Zweige Basilikum
- 1 kleine rote Zwiebel
- 120 g Salami
- 200 g gekochter Schinken
- 10 eingelegte Peperoni (optional)
- 8–10 entsteinte schwarze Oliven
- 125 g Mini-Mozzarellakugeln
- 6 EL Essig, z. B. Weißweinessig
- 4 EL Öl, z. B. Olivenöl
- Salz, Pfeffer
- 1 Prise Zucker oder Süßungsmittel nach Belieben
- 1 TL getrockneter Oregano oder 1 EL frisch gehackter Oregano
- 3–4 EL frisch gehobelter Parmesan

1. Die Nudeln in einem Topf mit Salzwasser nach Packungsanweisung bissfest kochen, anschließend in ein Sieb abgießen und abkühlen lassen.
2. Paprika waschen, putzen und klein schneiden.
3. Kirschtomaten und Basilikum waschen. Tomaten in Stücke schneiden. Basilikum klein zupfen.
4. Zwiebel schälen und fein hacken.
5. Salami und Schinken würfeln.
6. Peperoni, sofern verwendet, und Oliven in Scheiben schneiden.
7. Mini-Mozzarellas halbieren.
8. Alle Zutaten (bis auf den Parmesan) in eine große Salatschüssel geben und gut durchmischen. Salat mindestens 30 Minuten im Kühlschrank durchziehen lassen.
9. Mit gehobeltem Parmesan bestreut servieren.

TIPPS:

Anstatt Mozzarella kann man auch die gleiche Menge einer anderen Käsesorte wie zum Beispiel Emmentaler oder Gouda würfeln und hinzufügen.

Auch lecker: 150 g Schmand unterrühren.

TIPPS:

Auch lecker: ¼–½ Kopf Blattsalat wie Lollo rosso in kleinen Stücken untermischen.
Mit frisch gehackten Kräutern wie Basilikum oder Petersilie garnieren.
Sie können für den Salat auch ein anderes Dressing wählen, siehe dazu Rezepte ab S. 43.

Griechischer Salat

Zutaten

FÜR 4–6 PORTIONEN

2 gelbe Paprikaschoten
1 Salatgurke
400 g Kirschtomaten
1 (rote) Zwiebel
200 g Schafskäse
80 g entsteinte Oliven, z. B. Kalamata
5 EL Öl, z. B. Olivenöl
Saft 1 Zitrone oder 3 EL weißer Balsamicoessig
2 Knoblauchzehen
Salz, Pfeffer

1. Gemüse waschen und abtrocknen.
2. Paprikaschoten putzen, entkernen und in Stücke schneiden.
3. Salatgurke in 3 Stücke teilen, diese jeweils der Länge nach durchschneiden und dann in Scheiben schneiden.
4. Tomaten vierteln.
5. Zwiebel schälen und in feine Ringe oder Würfel schneiden.
6. Schafskäse würfeln.
7. Oliven am Stück belassen oder auch in Scheiben schneiden.
8. Öl und Zitronensaft in einer Salatschüssel vermischen. Knoblauch schälen und hinzupressen und Dressing mit Salz und Pfeffer würzen.
9. Alle vorbereiteten Zutaten in die Schüssel geben, vermischen und Salat mit Salz und Pfeffer abschmecken. Mindestens 1 Stunde ziehen lassen.

Nudelsalat Caprese

Zutaten

FÜR CA. 6 PORTIONEN

400 g Nudeln, z. B. Creste di Gallo, Hörnchen, Spiralen oder Farfalle
125 g Mini-Mozzarellakugeln
300 g bunte Kirschtomaten
5 EL Essig, z. B. weißer Balsamicoessig
1 Prise Zucker oder Süßungsmittel nach Belieben (optional)
Salz, Pfeffer
4 EL Öl, z. B. Olivenöl
2 Zweige Basilikum

1. Nudeln in einem Topf mit Wasser nach Packungsanleitung bissfest garen. Dann durch ein Sieb abseihen und abkühlen lassen.
2. Mozzarellakugeln abtropfen lassen, am Stück belassen oder halbieren.
3. Kirschtomaten waschen und abtrocknen, dann vierteln.
4. Essig, Zucker, sofern verwendet, Salz, Pfeffer und Öl in einer Salatschüssel verrühren.
5. Nudeln, Mozzarella und Tomaten zugeben und Salat vermischen. Mit Salz und Pfeffer abschmecken.
6. Basilikumblätter abzupfen, waschen und mit Küchenpapier abtrocknen. Salat damit garnieren.

TIPPS:

Auch lecker: 2–3 getrocknete, in Öl eingelegte Tomaten fein hacken und hinzumischen.
Salat in einer großen Schüssel anrichten oder in 6–8 Schälchen oder Gläser füllen.

Kichererbsen-Salat

Zutaten

FÜR 4–6 PORTIONEN

660 g gekochte Kichererbsen aus dem Glas
5 Tomaten
1 Salatgurke
1 Bund Petersilie
1 rote Zwiebel
150 g Schafskäse (optional)
Saft 1 Zitrone
5 EL Öl, z. B. Olivenöl
1 Prise Zucker oder Süßungsmittel nach Belieben
Salz, Pfeffer

1. Kichererbsen in ein Sieb abgießen und gut abtropfen lassen.
2. Tomaten und Gurke waschen, putzen und in kleine Stücke schneiden.
3. Petersilie waschen, trocken schütteln und hacken.
4. Zwiebel schälen und in dünne Scheiben schneiden.
5. Die vorbereiteten Zutaten in einer Salatschüssel vermengen.
6. Den Schafskäse, sofern verwendet, über den Salat krümeln.
7. Zitronensaft, Öl, Zucker, Salz und Pfeffer hinzufügen und alles gut durchmischen, dann Salat ca. 10 Minuten ziehen lassen.

Salat mit gegrilltem Gemüse

Zutaten

FÜR 4 PORTIONEN

- 2 Auberginen
- 1–2 Zucchini
- 2 rote Paprikaschoten
- 5 EL Öl, z. B. Olivenöl
- 1 ½ TL getrocknete Kräuter, z. B. italienische Kräutermischung oder Oregano, Basilikum
- 2 Knoblauchzehen
- Salz, Pfeffer
- 250 g Kirschtomaten
- 250 g grüner Salat, z. B. Rucola oder Lollo bionda
- ½ Bund Petersilie
- 1 Schalotte oder ½ Zwiebel
- 200 g Naturjoghurt
- 3 EL Essig, z. B. weißer Balsamicoessig
- 1 Prise Zucker oder Süßungsmittel nach Belieben (optional)
- ½ TL edelsüßes Paprikapulver

Grilltemperatur

niedrige Hitze (160–180 °C)

1. Auberginen, Zucchini und Paprikaschoten waschen, abtrocknen und putzen. Auberginen und Zucchini in Scheiben, Paprikaschoten in Stücke schneiden.
2. Öl in einer großen Schüssel mit den getrockneten Kräutern vermischen. Knoblauch schälen, hinzupressen und Öl mit Salz und Pfeffer würzen. Das vorbereitete Gemüse zugeben, untermischen und ziehen lassen, bis der Grill die richtige Temperatur erreicht hat.
3. Tomaten waschen, abtrocknen und vierteln.
4. Salat verlesen, waschen und abtropfen lassen bzw. trocken schleudern.
5. Petersilie waschen, trocken schütteln und fein hacken.
6. Schalotte schälen und in kleine Würfel schneiden.
7. Joghurt, Petersilie, Schalotte, Essig, Zucker, Salz, Pfeffer und Paprikapulver in einer Schüssel zu einem Dressing verrühren.
8. Mariniertes Gemüse in einer Grillschale/einem Grillkorb in der direkten Zone 2–4 Minuten grillen, dabei einmal wenden.
9. Salat und Kirschtomaten auf Tellern oder einer Servierplatte anrichten. Gemüse nach dem Grillen kurz abkühlen lassen und auf dem Salat verteilen. Das Joghurtdressing dazu reichen.

TIPPS:

Anstatt Ciabatta kann man auch Baguette bzw. Weißbrot verwenden. Der Salat ist Ideal zur Verwertung von älterem Brot, das schon etwas trocken und hart ist.

Sie können das Gemüse und das Dressing vorbereiten und die Brotwürfel ganz frisch auf dem Grill in einer Grillschale grillen (zuvor mit 2 EL Olivenöl beträufeln). Dann noch warm unter den Salat mischen und sofort servieren.

Anstatt Petersilie schmeckt auch Basilikum.

Panzanella

Zutaten

FÜR 4–6 PORTIONEN

1 Ciabatta
4 EL Öl, z. B. Olivenöl
1 gelbe Paprikaschote
5 Tomaten
1 kleine Salatgurke
1 kleine rote Zwiebel
125 g Mozzarella
½ Bund Petersilie
½ TL getrockneter Oregano
3 EL Essig, z. B. weißer oder dunkler Balsamicoessig
1 TL mittelscharfer Senf
1 TL flüssiger Honig
2 EL Wasser
1 Knoblauchzehe
Salz, Pfeffer

1. Ciabatta in Würfel schneiden.
2. 2 EL Öl in einer Pfanne erhitzen und die Brotwürfel darin bei mittlerer Hitze und unter Rühren goldbraun rösten, dann abkühlen lassen.
3. Gemüse waschen, putzen, abtrocknen und in Stücke schneiden.
4. Zwiebel schälen und nach Belieben in Scheiben, Stücke oder Würfel schneiden.
5. Mozzarella abtropfen lassen und würfeln.
6. Petersilie waschen, trocken schütteln und fein hacken.
7. Petersilie, Oregano, Essig, Senf, Honig, Wasser und das restliche Öl in einer Salatschüssel verrühren. Knoblauch schälen und hinzupressen. Dressing mit Salz und Pfeffer abschmecken.
8. Alle vorbereiteten Zutaten in die Schüssel geben und vermischen. Wer das Brot im Salat knuspriger haben möchte, mischt die Gemüsezutaten mit dem Dressing und gibt erst kurz vor dem Verzehr das Brot dazu.

Bulgursalat

Zutaten

FÜR 4–6 PORTIONEN

200 g Bulgur
1 kleine Salatgurke
200 g Kirschtomaten
200 g Schafskäse
½ TL edelsüßes Paprikapulver
1 Prise rosenscharfes Paprikapulver
½ TL gemahlener Kreuzkümmel
3 EL Öl, z. B. Olivenöl
Saft von 1 Zitrone
Salz, Pfeffer

1. Bulgur laut Packungsangabe zubereiten.
2. Gurke und Tomaten waschen, Gurke in dünne Scheiben schneiden, Tomaten vierteln.
3. Schafskäse abtropfen lassen und in Würfel schneiden.
4. Alle Zutaten in einer Salatschüssel vermischen und nach Belieben abschmecken.

Rote-Bete-Schafskäse-Salat

Zutaten

FÜR 4–6 PORTIONEN

200 g Rucola
400 g Rote Bete (gekocht)
150 g Schafskäse
3–4 EL Walnusskerne
5 EL Essig, z. B. weißer Balsamicoessig
3 EL Wasser
4 EL Öl, z. B. Walnuss- oder Olivenöl
Salz, Pfeffer
1 Prise Zucker oder Süßungsmittel nach Belieben

1. Rucola waschen, verlesen, abtropfen lassen bzw. trocken schleudern, dann kleiner zupfen.
2. Rote Bete abtropfen lassen und in Würfel schneiden.
3. Schafskäse ebenfalls würfeln.
4. Walnusskerne kleiner brechen oder hacken.
5. Rucola, Rote Bete, Schafskäse und Walnusskerne in einer Salatschüssel vermengen.
6. Essig, Wasser, Öl, Salz, Pfeffer und Zucker in einer Schüssel zu einem Dressing verrühren. Unter den Salat mischen und Salat mindestens 30 Minuten ziehen lassen.

TIPP:

Sie können auch den Salat ohne Dressing vorbereiten und ein anderes Dressing (siehe ab S. 43) dazu wählen.

Couscous-Salat

Zutaten

FÜR 4–6 PORTIONEN

350 ml Gemüsebrühe
250 g Couscous
250 g Datteltomaten
1 mittelgroße Zucchini
2 Zweige frisches Basilikum
Saft 1 Zitrone
1 TL flüssiger Honig
2 EL Olivenöl
1 Knoblauchzehe
Salz, Pfeffer

1. Gemüsebrühe in einem Topf zum Kochen bringen und dann vom Herd nehmen.
2. Couscous einrühren und zugedeckt 3–5 Minuten quellen lassen.
3. Gemüse waschen, abtrocknen, putzen und in kleine Würfel schneiden. Basilikum waschen, trocken schütteln und fein hacken.
4. Zitronensaft, Honig und Öl in einer Salatschüssel verrühren. Knoblauch schälen, hinzupressen und Dressing mit Salz und Pfeffer abschmecken.
5. Gemüse, Couscous und Basilikum zufügen, alles gut vermengen und Salat mindestens 1 Stunde ziehen lassen.

TIPP:
Zitronenscheiben zum Salat reichen. So können alle nach Belieben noch etwas Zitronensaft hinzufügen.

Zucchinisalat

Zutaten

FÜR 4–6 PORTIONEN

2 große Zucchini
100 g Rucola
200 g Schafskäse
120 g entsteinte schwarze Oliven
3 Zweige Petersilie
4 EL Öl, z. B. Olivenöl
Saft 1 Zitrone oder 3–4 EL weißer Balsamicoessig
1 Prise Zucker oder Süßungsmittel nach Belieben (optional)
Salz, Pfeffer
50 g Pinienkerne

1. Zucchini putzen, waschen, mit einem Sparschäler in dünne Streifen schneiden und in eine Salatschüssel geben.

2. Rucola waschen, verlesen und trocken schleudern.

3. Schafskäse in kleine Würfel schneiden und mit dem Rucola und den Oliven unter die Zucchini mischen.

4. Petersilie waschen, trocken schütteln und fein hacken. In einer Schüssel mit Öl, Zitronensaft und Zucker verrühren und Dressing über den Salat gießen. Alles gut durchmischen und mit Salz und Pfeffer abschmecken.

5. Pinienkerne in einer Pfanne ohne Öl bei mittlerer Hitze rösten, bis sie leicht braun sind. Kurz abkühlen lassen und über den Salat streuen bzw. untermischen.

TIPP:
Auch ein anderes Dressing schmeckt gut zu diesem Salat (siehe ab S. 43).

KREATIVE DRESSINGS

Joghurt-Dressing

Zutaten

FÜR 4–6 PORTIONEN (CA. 300 ML)

½ Bund Petersilie
250 g griechischer Joghurt
3 EL Essig, z. B. weißer Balsamicoessig
2 EL Öl, z. B. Olivenöl
Salz, Pfeffer
1 Prise Zucker oder Süßungsmittel nach Belieben (optional)

1. Petersilie waschen, trocken schütteln und fein hacken.
2. Alle Zutaten in einer Schüssel verrühren. Dressing in ein Einmachglas füllen und bis zur Verwendung im Kühlschrank lagern.

TIPPS:

Petersilie durch andere frische Kräuter wie Schnittlauch, Dill oder eine Mischung aus mehreren Gartenkräutern ersetzen.
Anstatt Essig eignet sich auch Zitronensaft.

Kräuter-Dressing

Zutaten

FÜR 6–8 PORTIONEN (CA. 350 ML)

1 Schalotte oder ½ Zwiebel
½ Bund frische Kräuter, z. B. Petersilie, Basilikum, Minze
6 EL Öl, z. B. Olivenöl
10 EL weißer Balsamicoessig
3 EL Zitronensaft
Salz, Pfeffer
½–1 TL Zucker oder Süßungsmittel nach Belieben (optional)

1. Schalotte schälen und hacken.
2. Kräuter waschen, trocken schütteln und ebenfalls fein hacken.
3. Alle Zutaten in einer Schüssel vermischen und Dressing mit Salz und Pfeffer abschmecken. In ein Einmachglas umfüllen und mindestens 2 Stunden in den Kühlschrank stellen.

TIPP:
Das Dressing vor der Verwendung aufschütteln.

Honig-Senf-Dressing

Zutaten

FÜR 4–6 PORTIONEN (CA. 200 ML)

80 ml Essig, z. B. weißer Balsamicoessig
60 ml Öl, z. B. Olivenöl
4 EL Wasser
4 TL mittelscharfer Senf
3 TL flüssiger Honig
Salz, Pfeffer

Alle Zutaten in einem Standmixer verrühren, in ein Einmachglas umfüllen und bis zur Verwendung kalt stellen.

TIPP:
Vor Verwendung Dressing im verschlossenen Behälter gut durchschütteln.

Skyr-Senf-Dressing

Zutaten

FÜR 4–6 PORTIONEN (CA. 350 ML)

300 g Skyr
3 TL mittelscharfer Senf
1 ½ TL Honig
2 EL Zitronensaft oder weißer Balsamicoessig
Salz, Pfeffer

Alle Zutaten in einer Schüssel gut verrühren. Dressing in ein Einmachglas füllen und bis zur Verwendung im Kühlschrank lagern.

TIPP:
Nach Belieben noch ½ TL getrocknete Kräuter oder 1 EL frisch gehackte Kräuter wie Petersilie oder Dill unterheben.

Avocado-Dressing

Zutaten

FÜR 4–6 PORTIONEN (CA. 500 ML)

1 Avocado
250 g griechischer Joghurt
4 EL Zitronensaft oder weißer Balsamicoessig
2 EL Öl, z. B. Olivenöl
1 TL getrocknetes Basilikum
1 ½ TL flüssiger Honig oder Süßungsmittel nach Belieben (optional)
Salz, Pfeffer

1. Avocado halbieren, entkernen und das Fruchtfleisch mit einem Löffel herausheben. In eine Schüssel geben und mit einer Gabel gründlich zerdrücken.

2. Die restlichen Zutaten zufügen und alles gut vermischen. Dressing in ein Einmachglas füllen und bis zur Verwendung im Kühlschrank lagern.

TIPP:
Anstatt getrockneter Kräuter kann man auch frisch gehackte Kräuter, zum Beispiel Petersilie oder Basilikum, verwenden.

FRISCH GEBACKEN

Pizza-Faltenbrot

Zutaten

FÜR 1 KASTENBROT (CA. 20 SCHEIBEN)

Teig:
- 50 ml Wasser
- 100 ml Milch
- 21 g Frischhefe oder 7 g Trockenhefe
- 70 g Butter
- 1 TL Zucker
- 2 Eier
- 500 g Mehl, z. B. Weizenmehl Type 550 oder 405
- 1 ½ TL Salz

Tomatensoße:
- ½ kleine Zwiebel
- 1 Knoblauchzehe
- 1 TL Öl, z. B. Olivenöl
- 200 g stückige Tomaten aus der Dose
- 1 TL getrockneter Oregano oder 1 EL frisch gehackter Oregano
- Salz, Pfeffer

1. Wasser und Milch in einem Topf lauwarm erwärmen. In eine Schüssel umfüllen, Hefe hineinbröseln und unter Rühren auflösen.
2. Butter auf niedriger Temperatur im Topf schmelzen und mit dem Zucker zum Hefegemisch geben.
3. Eier zufügen und alles gut verquirlen.
4. Mehl untermengen und Salz hinzufügen, dann mit dem Handmixer oder per Hand gut durchkneten, bis ein homogener Teig entsteht. Teig zu einer Kugel formen, in eine Schüssel legen und mit Frischhaltefolie oder einem feuchten Küchentuch abdecken. Mindestens 1 Stunde an einem warmen Ort gehen lassen.
5. Währenddessen die Tomatensoße zubereiten. Dazu Zwiebel und Knoblauch schälen und fein würfeln.
6. Öl in einem Topf erhitzen und Zwiebel darin 2–3 Minuten andünsten. Knoblauch hinzufügen, kurz mitgaren, dann mit den Tomaten ablöschen.
7. Mit Oregano, Salz und Pfeffer würzen und Soße 5–7 Minuten köcheln lassen. Topf vom Herd nehmen und Soße abkühlen lassen. Nach Belieben mit dem Stabmixer feiner pürieren oder stückiger belassen.
8. Hefeteig noch einmal kurz durchkneten und auf der bemehlten Arbeitsfläche zu einem Rechteck (ca. 45 × 36 cm) ausrollen.
9. Teig mit Tomatensoße bestreichen, mit Salami und Schinken belegen und mit Mozzarella bestreuen.

Füllung:
20 Scheiben mittelgroße Salami (ca. 80–100 g)
5 kleine Scheiben gekochter Schinken (ca. 50 g)
120 g geriebener Mozzarella

Mehl für die Arbeitsfläche
Kastenform, Länge 28–30 cm
Öl und Mehl für die Form

10. Den Teig je nach Art der Kastenform (z. B. 10 cm Breite) in 20 etwa 9 × 9 cm große Stücke schneiden. Dazu die 45 cm lange Seite in 5 Reihen schneiden, die 36 cm lange Seite in 4 Reihen.

11. Eine Kastenform fetten, mit Mehl bestäuben und senkrecht aufstellen.

12. Ein Teigstück in die Form einlegen, die unbelegte Seite liegt unten. Dann die restlichen Teigstücke übereinander in die Form schichten, der belegte Teil zeigt immer nach oben. Das letzte Teigstück so einlegen, dass die unbelegte Seite zum Rand der Kastenform zeigt. Die Kastenform ist nicht komplett mit Teig ausgefüllt, da der Teig beim Backen noch aufgeht! Teig ruhen lassen, bis der Ofen vorgeheizt ist.

13. Backofen auf 180 °C Umluft vorheizen.

14. Kastenform in den Backofen schieben und Brot 30–35 Minuten backen.

15. Nach dem Backen ca. 15 Minuten abkühlen lassen, dann das Pizzabrot vorsichtig aus der Kastenform heben.

TIPPS:

Schmeckt auch mit Blätterteig oder Pizzateig als Grundlage sehr gut. Evtl. vor dem Backen noch mit Parmesan bestreuen. Mit warmer Tomatensoße oder (scharfer) Salsa zum Dippen servieren.
Gern nach Belieben variieren, zum Beispiel nur mit Tomatenmark und Mozzarella oder einem Belag nach Geschmack, etwa Putenwurst, Paprika oder Speckwürfel. Es sollte nur kein zu wasserhaltiges Gemüse wie Zucchini verwendet werden.

Pizza-Twists

Zutaten

FÜR CA. 20 STÜCK

Teig:
250 g Weizenmehl Type 405 oder Dinkelmehl Type 630
2 EL Olivenöl
1 TL Salz
130–160 ml Wasser

Belag:
50 g Salami oder Schinken
3–4 EL Tomatenmark
Salz, Pfeffer
1 TL getrocknete italienische Kräuter oder getrockneter Oregano
40 g geriebener Mozzarella oder Käse nach Belieben, z. B. Edamer, Gouda

Bestreichen/Bestreuen:
1 EL Butter

Mehl für die Arbeitsfläche

1. Alle Teigzutaten in eine Schüssel geben, dabei mit 130 ml Wasser beginnen, dann mit dem Handmixer oder per Hand zu einem glatten Teig verkneten. Evtl. noch etwas Wasser hinzufügen, falls der Teig zu trocken ist, bzw. etwas Mehl, wenn er zu klebrig ist. Teig ohne Ruhezeit weiterverarbeiten.

2. Backofen auf 180 °C Umluft vorheizen.

3. Salami in feine Würfel schneiden.

4. Pizzateig auf der bemehlten Arbeitsfläche zu einem dünnen Rechteck (ca. 40 × 30 cm) ausrollen. In der Mitte der langen Seite mit einem Messer teilen.

5. Nun die eine Hälfte Pizzateig mit 1–2 EL Tomatenmark bestreichen, mit etwas Salz und Pfeffer würzen und mit ½ TL getrockneten Kräutern bestreuen. 20 g Mozzarella und die Hälfte der Salamiwürfel darauf verteilen.

6. Die unbelegte Teigseite über die belegte klappen, die Enden sollten dabei bündig abschließen. Dann Teigplatte in 1 ½–2 cm breite Streifen schneiden. Jeden Streifen wie eine Kordel etwa dreimal in sich verdrehen und auf ein mit Backpapier ausgelegtes Backblech legen.

7. Mit dem restlichen Pizzateig und den restlichen Zutaten genauso verfahren.

8. Butter in einem Topf schmelzen und die Streifen damit bestreichen.

9. Blech in den Ofen schieben und Twists in 15–18 Minuten goldbraun backen.

Bubblebread

Zutaten

FÜR 1 BLECH

21 g Frischhefe oder
7 g Trockenhefe
300 ml lauwarmes Wasser
500 g Weizenmehl
Type 405
1 TL Zucker
2 TL Salz
2 EL Öl, z. B. Olivenöl

Mehl für die Arbeitsfläche
und zum Bestäuben

1. Falls Frischhefe verwendet wird, diese erst in eine Schüssel mit dem lauwarmen Wasser geben und darin unter Rühren auflösen.
2. Alle Zutaten in die Schüssel geben und mit einem Handmixer zu einem geschmeidigen Hefeteig verarbeiten. Evtl. noch etwas Wasser hinzufügen, falls der Teig zu trocken ist.
3. Teig zugedeckt an einem warmen Ort mindestens 1 Stunde gehen lassen, bis sich das Volumen deutlich vergrößert hat.
4. Teig aus der Schüssel nehmen und auf einer bemehlten Arbeitsfläche durchkneten. Jeweils ca. 15 g des Teiges abstechen und zu kleinen Bällchen formen. Diese auf einem mit Backpapier belegten Backblech oder in einer großen runden Backform (ø 30 cm) nebeneinander anordnen. Mit einem Küchentuch abdecken und Teiglinge 15 Minuten an einem warmen Ort gehen lassen.
5. Währenddessen Backofen auf 180 °C Umluft vorheizen.
6. Ein backofenfestes Gefäß mit Wasser befüllen und auf den Boden des Backofens stellen.
7. Das Bubblebread mit Wasser bepinseln und fein mit Mehl bestäuben. Dann in den Ofen geben und 20–25 Minuten backen.

TIPP:

Schmeckt am besten frisch gebacken und mit leckerer Grillbutter (siehe S. 85).

Kräuter-Fladenbrot

Zutaten

FÜR 2 STÜCK

Teig:
21 g Frischhefe oder
7 g Trockenhefe
250 ml lauwarmes Wasser
400 g Weizenmehl
Type 405
1 TL Zucker
1 ½ TL Salz
4 EL Olivenöl
1 TL Kräuter der Provence
oder getrockneter
Rosmarin

Topping:
1 EL Öl, z. B. Olivenöl
1–2 TL Kräuter der
Provence
schwarze und weiße
Sesamsamen (optional)

Mehl für die Arbeitsfläche

1. Falls Frischhefe verwendet wird, diese erst in eine Schüssel mit dem lauwarmen Wasser geben und darin unter Rühren auflösen.
2. Alle Teigzutaten in die Schüssel geben und mit einem Handmixer zu einem geschmeidigen Hefeteig verarbeiten. Evtl. noch etwas Wasser hinzufügen, falls der Teig zu trocken ist.
3. Teig zugedeckt an einem warmen Ort mindestens 1 Stunde gehen lassen, bis sich das Volumen deutlich vergrößert hat.
4. Teig aus der Schüssel entnehmen und auf einer bemehlten Arbeitsfläche durchkneten, dann daraus 2 Kugeln formen und diese jeweils 1 ½ cm dick und oval ausrollen bzw. ausziehen.
5. Fladenbrote auf ein mit Backpapier belegtes Backblech legen und leichte Mulden in den Teig drücken.
6. Öl und Kräuter in einer Schüssel vermischen und Fladenbrote damit bepinseln. Nach Belieben mit Sesamsamen bestreuen.
7. Brote weitere 30 Minuten an einem warmen Ort gehen lassen.
8. Backofen auf 180 °C Umluft vorheizen.
9. Ein backofenfestes Gefäß mit Wasser befüllen und auf den Boden des Backofens stellen.
10. Fladenbrote in den Ofen schieben und ca. 15 Minuten backen.

Burger Buns

Zutaten

FÜR 8–10 STÜCK

Teig:
21 g Frischhefe oder
7 g Trockenhefe
250 ml lauwarmes Wasser
400 g Weizenmehl
Type 405
1 ½ TL Zucker
1 ½ TL Salz
40 g Butter
1 Ei

Sonstiges:
1 Ei
2 EL Milch
Sesamsamen (optional)

Mehl für die Arbeitsfläche

1. Falls Frischhefe verwendet wird, diese erst in eine Schüssel mit dem lauwarmen Wasser geben und darin unter Rühren auflösen.

2. Alle Teigzutaten in die Schüssel geben und mit einem Handmixer zu einem geschmeidigen Hefeteig verarbeiten. Evtl. noch etwas Wasser hinzufügen, falls der Teig zu trocken ist.

3. Teig zugedeckt an einem warmen Ort mindestens 1 Stunde gehen lassen, bis sich das Volumen deutlich vergrößert hat.

4. Teig aus der Schüssel nehmen und auf einer bemehlten Arbeitsfläche durchkneten. Aus dem Teig 8–10 Kugeln formen und diese in Brötchenform drücken. Dann auf ein mit Backpapier belegtes Backblech legen.

5. Teiglinge mit einem Küchentuch abdecken und ca. 30 Minuten an einem warmen Ort gehen lassen.

6. Backofen auf 190 °C Ober-/Unterhitze vorheizen.

7. Ei und Milch in einer Tasse verquirlen und die Teiglinge mit der Mischung bestreichen. Nach Belieben mit Sesamsamen bestreuen.

8. Ein backofenfestes Gefäß mit Wasser befüllen und auf den Boden des Backofens stellen.

9. Brötchen in den Ofen schieben und ca. 15 Minuten backen.

Dinkel-Körner-Brötchen

Zutaten

FÜR 10–15 STÜCK

Teig:
21 g Frischefe oder
7 g Trockenhefe
320 ml lauwarmes Wasser
400 g Dinkelmehl Type 630
100 g Dinkelvollkornmehl
1 TL Zucker
1 ½ TL Salz
1 EL Sonnenblumenkerne
1 EL Leinsamen
3 EL Olivenöl

Sonstiges:
2–3 EL Körnermischung aus Sesamsamen, Kürbis- und Sonnenblumenkernen

Mehl für die Arbeitsfläche

1. Falls Frischhefe verwendet wird, diese erst in eine Schüssel mit dem lauwarmen Wasser geben und darin unter Rühren auflösen.

2. Alle Teigzutaten in die Schüssel geben und mit einem Handmixer zu einem geschmeidigen Hefeteig verarbeiten. Evtl. noch etwas Wasser hinzufügen, falls der Teig zu trocken ist.

3. Teig zugedeckt an einem warmen Ort mindestens 1 Stunde gehen lassen, bis sich das Volumen deutlich vergrößert hat.

4. Teig aus der Schüssel nehmen, auf einer bemehlten Arbeitsfläche durchkneten und zu einer Rolle formen. Diese dann in 10–15 etwa gleich große Stücke zerteilen.

5. Die Teigstücke erst rollen, jeweils Körnermischung aufstreuen und dann Teiglinge etwas flach drücken und auf ein mit Backpapier ausgelegtes Backblech setzen.

6. Brötchen mit einem Küchentuch abdecken und an einem warmen Ort ca. 30 Minuten gehen lassen.

7. Backofen auf 180 °C Umluft vorheizen.

8. Ein backofenfestes Gefäß mit Wasser befüllen und auf den Boden des Backofens stellen.

9. Brötchen in den Ofen geben und 20–25 Minuten backen.

Quark-Vollkornbrötchen

Zutaten

FÜR 8 STÜCK

250 g Magerquark
1 Ei
1 TL Salz
250 g Mehl, z. B. Dinkelvollkornmehl
1 Päckchen Backpulver

1. Backofen auf 180 °C Umluft vorheizen.
2. Magerquark, Ei und Salz in eine Schüssel geben und mit dem Handmixer verrühren.
3. Mehl und Backpulver zufügen und untermengen.
4. Mit den Händen aus dem Teig 8 Brötchen formen und diese auf ein mit Backpapier ausgelegtes Blech setzen.
5. Die Oberfläche der Brötchen mit Wasser bepinseln und Brötchen 20–25 Minuten im Ofen backen.

TIPP:
Sie können die Brötchen auch mit Kernen und Saaten, wie zum Beispiel Sonnenblumenkernen, Kürbiskernen, Sesam- oder Chiasamen, bestreuen oder diese in den Teig einkneten.

Herzbrezeln

Zutaten

FÜR 6 STÜCK

21 g Frischhefe oder
7 g Trockenhefe
1 TL Zucker
160 ml lauwarme Milch
500 g Mehl, z. B. Weizenmehl Type 405 oder 550
15 g Salz
150 ml und 1 ½ l Wasser
20 g zimmerwarme Butter
3 EL Natron
grobes Meersalz

Mehl für die Arbeitsfläche

1. Hefe und Zucker mit der Milch in eine Schüssel geben und verrühren, bis die Hefe aufgelöst ist.
2. Mehl und Salz in einer zweiten Schüssel vermischen. 150 ml Wasser, Butter und Hefegemisch hinzufügen. Erst grob mit einem Löffel vermengen, anschließend 10–15 Minuten per Hand oder mit dem Handrührgerät kneten.
3. Teig zugedeckt an einem warmen Ort mindestens 1 Stunde gehen lassen, bis sich das Volumen deutlich vergrößert hat.
4. Teig aus der Schüssel nehmen und auf einer bemehlten Arbeitsfläche durchkneten. Dann in 6 gleich große Portionen aufteilen. Daraus jeweils eine ca. 30 cm lange Teigwurst rollen, deren Enden schmaler sind als die Mitte. Die Teigwurst zu einem Herz formen. Die Enden ineinander verdrehen und die Spitze des Herzens etwas nach unten und spitz ziehen, damit die typische Herzform entsteht.
5. Die Herzbrezeln mit einem sauberen Küchentuch abdecken und 30 Minuten gehen lassen.
6. Kurz vor Ende der Gehzeit das restliche Wasser in einem mittelgroßen Topf zum Kochen bringen und Backofen auf 160 °C Umluft vorheizen.

7. Wenn das Wasser kocht, das Natron nach und nach vorsichtig einrühren und die Hitze so reduzieren, dass die Lauge nicht mehr kocht.

8. Nun jede Herzbrezel mit einem Schaumlöffel in die Lauge tauchen und nach 30 Sekunden wieder herausnehmen. Auf ein mit Backpapier belegtes Backblech legen, dabei etwas Abstand zueinander lassen. Sofort mit grobem Meersalz bestreuen.

9. Blech in den Ofen schieben und Brezeln 15–20 Minuten backen.

Baguette

Zutaten

FÜR 2–3 STÜCK

21 g Frischhefe oder
7 g Trockenhefe
300 ml lauwarmes Wasser
450 g Weizenmehl
Type 550 oder Type T65
1 ½ TL Salz
2 TL Zucker
35 g Butter

Mehl für die Arbeitsfläche
und zum Bestäuben

1. Falls Frischhefe verwendet wird, diese erst in eine Schüssel mit dem lauwarmen Wasser geben und darin unter Rühren auflösen.
2. Alle Zutaten in die Schüssel geben und mit einem Handmixer zu einem geschmeidigen Hefeteig verarbeiten. Evtl. noch etwas Wasser hinzufügen, falls der Teig zu trocken ist.
3. Teig zugedeckt an einem warmen Ort mindestens 1 Stunde gehen lassen, bis sich das Volumen deutlich vergrößert hat.
4. Teig aus der Schüssel nehmen und auf einer bemehlten Arbeitsfläche mit den Händen zu einem Viereck (ca. 25 × 20 cm) ausbreiten.
5. Eine Ecke bis etwa über die Mitte falten. Mit den restlichen Ecken genauso verfahren. Teig zugedeckt an einem warmen Ort ca. 15 Minuten gehen lassen.
6. Teig wieder wie in Schritt 4 und 5 ausbreiten und zusammenfalten. Dann 2–3 Baguettes daraus formen und auf ein mit Backpapier ausgelegtes Backblech setzen, mehrmals schräg einschneiden und mit etwas Mehl bestäuben. Zugedeckt weitere 30 Minuten gehen lassen.
7. Backofen auf 230 °C Umluft vorheizen.
8. Ein backofenfestes Gefäß mit Wasser befüllen und auf den Boden des Backofens stellen.
9. Baguettes in den Ofen geben und ca. 20 Minuten backen.

TIPP:

Baguette-Variationen

Röstzwiebel-Baguette: Grundteigzutaten + 1 ½ EL Röstzwiebeln.

Tomaten-Baguette: Grundteigzutaten + 1 ½ EL getrocknete Tomaten (gehackt), 1 TL getrocknete Kräuter (z. B. italienische Kräuter, Rosmarin, Thymian).

TIPPS:

Die Schnecken kann man nach Belieben mit Schinken, Salami und Käse füllen oder als süße Variante statt mit Tomatensoße, Kräutern und Parmesan mit zerlassener Butter bestreichen und mit Zimtzucker bestreuen.

Tomaten-Schnecken

Zutaten

FÜR 15–20 STÜCK

9 g Frischhefe oder
 3 g Trockenhefe
120 ml lauwarmes Wasser
200 g Mehl, z. B. Dinkelvollkornmehl oder Dinkelmehl Type 630
1 EL Olivenöl oder Rapsöl
½–1 TL Salz
3–4 EL passierte Tomaten oder Tomatenmark
1 EL getrockneter Oregano
25 g geriebener Parmesan
1 EL Butter

Mehl für die Arbeitsfläche

1. Hefe mit dem lauwarmen Wasser in eine Schüssel geben und darin unter Rühren auflösen.
2. Mehl, Olivenöl und Salz hinzufügen und alles zu einem glatten Teig verkneten. Bei Bedarf noch etwas Wasser zugeben, falls der Teig zu trocken ist.
3. Teig zu einer Kugel formen, in die Schüssel legen und mit Frischhaltefolie oder einem feuchten Küchentuch abdecken. Für ca. 1 Stunde an einem warmen Ort gehen lassen, bis sich der Teig in etwa verdoppelt hat.
4. Backofen auf 220 °C Ober-/Unterhitze vorheizen.
5. Teig auf einer bemehlten Arbeitsfläche dünn (ca. 3 mm) und rechteckig ausrollen. Mit passierten Tomaten bestreichen, dabei an einer langen Seite einen Rand von ca. 1 ½ cm frei lassen. Oregano und Parmesan auf die Tomatensoße streuen.
6. Für ein einfacheres Aufrollen den Teig mittig halbieren, sodass 2 Stücke mit einer unbestrichenen Seite entstehen. Teig nun von der Seite mit Belag vorsichtig eng einrollen, den Rand (ohne Belag) gut festdrücken. Mit der anderen Teighälfte genauso verfahren.
7. Die Rollen jeweils in 1–1 ½ cm breite Scheiben schneiden und diese auf einem mit Backpapier ausgelegten Backblech verteilen.
8. Butter in einem Topf schmelzen und Schnecken damit bestreichen. Im Ofen 12–15 Minuten backen.

Grissini

Zutaten

FÜR 2 BLECHE

Teig:
1 TL Trockenhefe
300 g Weizenmehl Type 550
100 g Dinkelmehl Type 630
100 g Hartweizengrieß
1 TL Zucker
1 ½ TL Salz
3 EL Olivenöl
300 ml lauwarmes Wasser

Sonstiges (nach Belieben):
Sesamsamen, grobes Salz, Kümmel, getrocknete Kräuter, geriebener Parmesan, Hartweizengrieß

Mehl für die Arbeitsfläche

1. Alle Teigzutaten in eine Schüssel geben und mit dem Handrührgerät zu einem geschmeidigen Hefeteig verarbeiten. Evtl. noch etwas Wasser hinzufügen, falls der Teig zu trocken ist.

2. Teig zugedeckt an einem warmen Ort mindestens 1 Stunde gehen lassen.

3. Teig aus der Schüssel nehmen und auf einer bemehlten Arbeitsfläche durchkneten. Dann zu einem etwa 1 cm dicken Rechteck ausrollen. Mit einem sauberen Küchentuch abdecken und weitere 30 Minuten gehen lassen.

4. Backofen auf 200 °C Umluft vorheizen.

5. Aus dem Teig etwa 1 cm breite Stücke schneiden und diese zu Stangen rollen und nach Belieben noch etwas verdrehen. Grissini auf ein mit Backpapier belegtes Backblech legen, jeweils mit Wasser bepinseln und nach Belieben mit Sesamsamen, Salz, Kräutern, Parmesan oder Hartweizengrieß bestreuen und diese Zutaten etwas andrücken.

6. Grissini in den Ofen schieben und 10–15 Minuten backen.

TIPPS:

Man kann auch dickere Grissini oder Knabberstangen zubereiten, dazu einfach breitere Stücke abschneiden.
Die Stangen zum Servieren hochkant in ein Glas stellen.

AUFSTRICHE UND DIPS

Tomaten-Aufstrich

Zutaten

FÜR 6–8 PORTIONEN

1 Schalotte
1 Knoblauchzehe
200 g getrocknete, in Öl eingelegte Tomaten
1–2 EL Tomatenmark
3 EL Öl, z. B. Olivenöl
Salz, Pfeffer
1 EL frisch geriebener Parmesan (optional)
1 TL Essig, z. B. weißer Balsamicoessig

1. Schalotte und Knoblauch schälen, dann grob zerkleinern.

2. Tomaten aus dem Öl nehmen und zusammen mit den restlichen Zutaten in eine Küchenmaschine geben. Alles bis zur gewünschten Konsistenz mixen. Bei Bedarf noch etwas Öl oder Essig hinzufügen und Aufstrich auch damit abschmecken.

TIPPS:

(Geröstetes) Brot oder Baguette damit bestreichen und mit frischen Basilikumblättern und Kirschtomatenscheiben oder -würfeln belegen. Für etwas mehr Schärfe ½ Chilischote mitpürieren oder Chiliflocken unterheben.

Zucchini-Frischkäse-Aufstrich

Zutaten

FÜR 4–6 PORTIONEN

1 kleine Zucchini
1 Bund Schnittlauch
1 Knoblauchzehe
300 g körniger Frischkäse
2–3 EL Milch oder Sahne
Salz, Pfeffer
1 TL getrocknete italienische Kräuter oder eine Mischung aus Oregano, Basilikum, Rosmarin, Thymian

1. Zucchini putzen, waschen und fein raspeln, dann in ein sauberes Küchentuch geben und die Flüssigkeit gut ausdrücken.
2. Schnittlauch waschen, trocken schütteln und fein hacken. Knoblauch schälen und fein hacken oder pressen.
3. Frischkäse in einer Schüssel mit der Milch verrühren und mit Salz und Pfeffer würzen. Dann Zucchini, Schnittlauch, Knoblauch und Kräuter zugeben und unterheben.
4. Den Aufstrich mit Salz und Pfeffer abschmecken und mindestens 1 Stunde im Kühlschrank ziehen lassen.

TIPPS:
Anstatt Schnittlauch schmeckt auch Basilikum.
Auch lecker: 2 EL Schmand einrühren.

Oliven-Tapenade

Zutaten

FÜR 6–8 PORTIONEN

1 Knoblauchzehe (optional)
200 g entsteinte schwarze oder grüne Oliven
60 g Kapern
6 Sardellenfilets
1 EL Zitronensaft
2 EL Olivenöl
½ TL getrocknete Kräuter der Provence

1. Knoblauch, sofern verwendet, schälen und zusammen mit den restlichen Zutaten in eine Küchenmaschine geben.
2. Tapenade bis zur gewünschten Konsistenz mixen. Bei Bedarf noch etwas Öl oder Zitronensaft hinzufügen und Tapenade auch damit abschmecken.

TIPPS:

Anstatt getrockneter Kräuter können Sie auch 10–20 g frische Kräuter wie Basilikum, Petersilie oder Thymian mitpürieren. Der Dip sollte durch die Sardellenfilets salzig genug sein. Ansonsten nach Belieben noch nachsalzen.

Buntes Butter-Board

Zutaten

FÜR 6–8 PORTIONEN

1 Frühlingszwiebel
1–2 gelbe oder orange Mini-Paprikaschoten
2–3 bunte Kirsch- oder Datteltomaten
250 g zimmerwarme Butter

1. Frühlingszwiebel putzen, waschen und in feine Röllchen schneiden.
2. Paprikaschoten und Tomaten waschen, abtrocknen und putzen. Paprikaschoten in Ringe schneiden. Tomaten halbieren oder in Scheiben schneiden.
3. Butter auf einem Brett oder einer Servierplatte verstreichen und schön bunt mit den vorbereiteten Zutaten belegen und bestreuen. Dann mindestens 1 Stunde abgedeckt im Kühlschrank kalt stellen.

TIPPS:

Sie können auch jeweils 1 Stück grüne, rote und gelbe Paprikaschote in kleine Würfel schneiden und die Butter damit bestreuen.

Auch lecker und dekorativ: Tomatenstücke und Basilikumblätter oder frisch gehackte Gartenkräuter.

Sour Cream

Zutaten

FÜR 4–6 PORTIONEN

½ Bund Petersilie
½ Bund Schnittlauch
1 Schalotte oder
½ Zwiebel
200 g Schmand
200 g saure Sahne
2 EL Zitronensaft oder
weißer Balsamicoessig
Salz, Pfeffer

1. Petersilie und Schnittlauch waschen, trocken schütteln und hacken.

2. Schalotte schälen und fein hacken.

3. Schmand, saure Sahne und Zitronensaft in einer Schüssel gut verrühren. Kräuter und Schalotte untermischen und Dip mit Salz und Pfeffer abschmecken.

TIPP:
Man kann die Kräuter auch ganz weglassen oder durch frische Gartenkräuter nach Belieben ersetzen.

Grillbutter

Knoblauchbutter

Zutaten

FÜR 6–8 PORTIONEN

½ Bund Schnittlauch
250 g zimmerwarme Butter
½ TL Salz
1 Prise weißer Pfeffer (optional)
5 Knoblauchzehen

1. Schnittlauch waschen, trocken schütteln und in feine Röllchen schneiden.
2. Butter in Stücke schneiden und mit dem Schnittlauch, Salz und Pfeffer in eine Schüssel geben.
3. Knoblauch schälen, hinzupressen und alles gut vermischen.
4. Nach Belieben in die gewünschte Form bringen (z. B. in Eiswürfelformen füllen, in ein Glas geben oder zur Rolle formen) und zum Kühlen mindestens 2 Stunden in den Kühlschrank stellen.

TIPP:
Anstatt Schnittlauch eignen sich andere Kräuter wie Petersilie oder Basilikum ebenfalls. Sie können die Kräuter auch komplett weglassen.

Lachsbutter

Zutaten

FÜR 6–8 PORTIONEN

80 g geräucherter Lachs
125 g zimmerwarme Butter
1 EL Frischkäse oder Crème fraîche
1 EL Zitronen- oder Limettensaft
1 Prise weißer Pfeffer oder Zitronenpfeffer (optional)
1–2 EL Milch

1. Lachs in feine Stücke hacken.
2. Butter in Stücke schneiden und in einer Schüssel mit Frischkäse, Zitronensaft und Pfeffer verrühren. Falls die Masse zu fest ist, noch etwas Milch hinzufügen.
3. Lachs untermengen oder mit Butter pürieren.
4. Nach Belieben in die gewünschte Form bringen (z. B. in Eiswürfelformen füllen, in ein Glas geben oder zur Rolle formen) und zum Kühlen mindestens 2 Stunden in den Kühlschrank stellen.

Senfbutter

Zutaten

FÜR 6–8 PORTIONEN

125 g zimmerwarme Butter
2 TL mittelscharfer Senf oder Dijonsenf
Saft ½ Zitrone
1 Prise Salz
1 Prise weißer Pfeffer (optional)

1. Butter in Stücke schneiden und in einer Schüssel mit den anderen Zutaten verrühren. Mit Salz und Pfeffer abschmecken.
2. Nach Belieben in die gewünschte Form bringen (z. B. in Eiswürfelformen füllen, in ein Glas geben oder zur Rolle formen) und zum Kühlen mindestens 2 Stunden in den Kühlschrank stellen.

TIPP:

Lachsbutter: 1–2 TL frisch gehackten Dill untermischen. Senfbutter: 1 EL frisch gehackten Thymian untermischen oder 1 TL mittelscharfen Senf durch grobkörnigen Senf ersetzen.

Rote-Bete-Dip

Zutaten

FÜR 4–6 PORTIONEN

350 g Rote Bete (gekocht)
150 g Schafskäse
2 EL Sonnenblumenkerne
2 EL Öl, z. B. Olivenöl
3 TL Zitronensaft
Salz, Pfeffer
½–1 TL gemahlener Kreuzkümmel

1. Rote Bete abtropfen lassen, in grobe Stücke schneiden und in eine Schüssel geben.
2. Schafskäse hinzubröseln und die restlichen Zutaten (bis auf die Gewürze) hinzufügen. Alles mit dem Stabmixer pürieren, dabei evtl. noch 1–2 EL Wasser einarbeiten.
3. Mit Salz, Pfeffer und Kreuzkümmel abschmecken.

TIPP:
Für das Verarbeiten der Roten Bete am besten Einmalhandschuhe tragen, da sie stark färbt.

AUS DER KÜCHE UND VOM GRILL

Tomate-Mozzarella-Hasselback

Zutaten

FÜR 4 STÜCK

4 Kugeln Mozzarella (à 125 g)
2 Zweige Basilikum
4 große Tomaten, z. B. San Marzano, Roma
4 EL Olivenöl
(grobes Meer-)Salz, Pfeffer

1. Mozzarella gut abtropfen lassen und Kugeln mehrfach einschneiden, dabei aber nicht durchschneiden.
2. Basilikum waschen, trocken schütteln und die Blätter abzupfen.
3. Tomaten waschen und in Scheiben schneiden. Tomatenscheiben vorsichtig in die einzelnen Spalten der Mozzarellakugeln schieben und Basilikumblätter darüber verteilen.
4. Jede Mozzarellakugel mit 1 EL Öl beträufeln und mit Salz und Pfeffer bestreuen.

TIPPS:

Tomate-Mozzarella-Hasselback kann man auch für ein paar Minuten in einer Schale auf den Grill stellen, bis der Mozzarella schmilzt.
Auch lecker: Balsamico-Creme darüberträufeln.

Gefüllte Paprikaschiffchen

Zutaten

FÜR 8 STÜCK

4 gelbe Mini-Paprikaschoten
1–2 milde oder scharfe Peperoni aus dem Glas
6 Kirschtomaten
200 g körniger Frischkäse
Salz, (grober) Pfeffer

1. Paprikaschoten waschen, abtrocknen, halbieren und entkernen.

2. Peperoni in Stücke schneiden.

3. Kirschtomaten waschen, abtrocknen und würfeln.

4. Frischkäse in einer Schüssel mit Peperoni und Kirschtomaten vermischen und mit Salz und Pfeffer abschmecken.

5. Paprikahälften mit der Frischkäsemasse füllen und mit grob gemahlenem Pfeffer bestreuen. Eventuelle Frischkäsereste als Aufstrich verwenden.

TIPP:
Mit frisch gehackten Kräutern bestreuen.

Gegrillte Kräuter-Champignons

Zutaten
FÜR 8–12 STÜCK

400 g braune Champignons
5 EL Olivenöl
1 TL Sojasoße
2 EL dunkler Balsamicoessig
1 TL getrocknete Kräuter der Provence oder getrockneter Thymian oder Oregano
1 Knoblauchzehe
Salz, Pfeffer
½ Bund Petersilie

Grilltemperatur
niedrige Hitze
(160–180 °C)

1. Champignons putzen und halbieren (kleine Champignons im Ganzen verwenden).
2. Olivenöl, Sojasoße, Balsamico und Kräuter der Provence in einer Schüssel verrühren. Knoblauch schälen und hinzupressen.
3. Champignons zur Marinade in die Schüssel geben, salzen und pfeffern. Alles gut durchmischen und mindestens 1 Stunde ziehen lassen.
4. Champignons auf Spieße stecken. Spieße, wenn der Grill die richtige Temperatur erreicht hat, jeweils 3–5 Minuten von beiden Seiten grillen.
5. Petersilie waschen und trocken schütteln. Dann fein hacken und zum Servieren über die gegrillten Champignons streuen.

TIPP:
Auch möglich: Champignons ganz lassen und nach dem Marinieren in einer Grillschale auf dem Grill rösten.

TIPPS:

Dazu schmeckt die Sour Cream (siehe S. 84) oder eine Grillsoße nach Belieben (ab S. 127). Mit Minze, Basilikum oder Petersilie garnieren.

Grillgemüse

Zutaten

FÜR 4–6 PORTIONEN

2 Kolben Süßmais (evtl. bereits vorgegart)
300 g braune Champignons
250 g Dattel- oder Kirschtomaten
1 Zucchini
1 Aubergine
2 rote, gelbe oder orange Paprikaschoten
4 kleine Karotten
2 rote Zwiebeln
100 ml Öl, z. B. Olivenöl
1 ½ TL getrocknete Kräuter, z. B. italienische Kräutermischung oder Oregano, Thymian, Rosmarin
(Kräuter-)Salz, Pfeffer

Grilltemperatur

niedrige Hitze (160–180 °C)

1. Maiskolben abwaschen. Falls sie noch nicht vorgekocht sind, in einem Topf mit Wasser 15–20 Minuten vorgaren. Dann mit Küchenpapier trocken tupfen und in dicke Stücke schneiden.
2. Champignons putzen, am Stück belassen oder halbieren.
3. Das restliche Gemüse waschen, putzen und abtrocknen.
4. Zucchini und Aubergine in Scheiben und Paprikaschoten in längliche Stücke schneiden. Karotten evtl. schälen und der Länge nach halbieren oder vierteln.
5. Zwiebeln schälen und in dicke Scheiben schneiden.
6. Öl in einer Schüssel mit den getrockneten Kräutern, Salz und Pfeffer vermischen und das Gemüse rundum damit einpinseln bzw. in Schüsseln getrennt jeweils mit der Marinade vermischen. Gemüse ziehen lassen, bis der Grill die richtige Temperatur erreicht hat.
7. Gemüse (bis auf die Tomaten) in Reihen nebeneinander in eine Grillschale legen und 5–10 Minuten (je nach Dicke der Stücke) grillen. Dabei einmal wenden.
8. Gemüse auf einer Servierplatte oder mehreren Tellern bunt anrichten und mit Tomaten garnieren.

Gegrillte Rosmarin-Süßkartoffeln

Zutaten

FÜR 4-6 PORTIONEN

1 Zweig frischer Rosmarin
100 ml Öl, z. B. Olivenöl
½ TL getrockneter Rosmarin
½ TL Salz
3–4 Süßkartoffeln (ca. 800 g)

Grilltemperatur

niedrige Hitze (160–180 °C)

1. Rosmarin waschen und trocken schütteln. Dann kleiner zupfen und in einer Schüssel mit Öl, getrocknetem Rosmarin und Salz vermischen. Mindestens 1 Stunde ziehen lassen.

2. Süßkartoffeln waschen, gut abbürsten und abtrocknen, evtl. schälen. Dann in dicke Scheiben bzw. in längliche Stücke schneiden.

3. Süßkartoffelscheiben oder -stücke von beiden Seiten mit dem Rosmarinöl bestreichen bzw. in einer Schüssel damit beträufeln und gut durchmischen.

4. Wenn der Grill die richtige Temperatur erreicht hat, Süßkartoffeln in Reihen nebeneinander in eine Grillschale legen, 8–12 Minuten (je nach Dicke der Stücke) grillen, dabei einmal wenden. Mit einer Gabel einstechen und überprüfen, ob sie schon weich und durchgegart sind, ansonsten die Grillzeit verlängern.

TIPP:

Dazu schmecken ein leckerer Dip oder eine Grillsoße (siehe ab S. 77 und S. 127).

Grillkäse-Tomaten-Spieße

Zutaten

FÜR 6–8 STÜCK

250 g Halloumi
300 g bunte Kirschtomaten
2 kleine rote Zwiebeln
4 EL Öl, z. B. Olivenöl
1 TL getrockneter Oregano oder Thymian
1 Knoblauchzehe
Salz, Pfeffer

Grilltemperatur

niedrige Hitze (160–180 °C)

1. Halloumi in grobe Würfel schneiden.
2. Tomaten waschen und mit Küchenpapier abtrocknen.
3. Zwiebeln schälen und in dicke Scheiben schneiden.
4. Öl und getrocknete Kräuter in einer Schüssel vermischen. Knoblauch schälen, hinzupressen und Öl mit Salz und Pfeffer würzen.
5. Die vorbereiteten Zutaten abwechselnd auf Spieße stecken, dann mit dem Kräuteröl bepinseln und ca. 30 Minuten ziehen lassen.
6. Wenn der Grill die richtige Temperatur erreicht hat, Spieße in der direkten Zone 4–6 Minuten grillen. Dabei 1–2 Mal wenden.

TIPPS:

Anstatt Tomaten kann man auch anderes Gemüse nach Belieben verwenden, zum Beispiel Paprika, Zucchini oder Aubergine.
Für vegane Spieße statt Halloumi veganen Grillkäse-Ersatz nehmen oder Spieße nur mit Gemüse vorbereiten.

Nudeln mit Grillgemüse

Zutaten

FÜR 4–6 PORTIONEN

- 2 rote Paprikaschoten
- 2 gelbe Paprikaschoten
- 1 Zucchini (ca. 400 g)
- 4 EL Öl, z. B. Olivenöl
- 1 TL getrocknete italienische Kräuter
- Salz, Pfeffer
- 1 Brokkoli
- 300 g Nudeln, z. B. (Vollkorn-)Penne oder Spiralen
- 3 Zweige Basilikum

Grilltemperatur

niedrige Hitze (160–180 °C)

1. Paprikaschoten und Zucchini waschen, putzen und abtrocknen. Paprikaschoten in Stücke und Zucchini in Scheiben schneiden.
2. Paprikastücke und Zucchinischeiben in einer Schüssel mit Öl, getrockneten Kräutern, Salz und Pfeffer vermischen und ziehen lassen, bis der Grill die richtige Temperatur erreicht hat.
3. Brokkoli putzen, in Röschen schneiden, waschen, dann abtropfen lassen. Salzwasser in einem Topf zum Kochen bringen und Brokkoli darin in ca. 5 Minuten bissfest garen. Dann in ein Sieb abgießen und eiskalt mit Wasser abbrausen oder kurz in Eiswasser abschrecken. Danach gut abtropfen lassen.
4. Nudeln nach Packungsanleitung in einem Topf mit Salzwasser bissfest garen, dann durch ein Sieb abseihen und abkühlen lassen.
5. Basilikum waschen, mit Küchenpapier abtupfen und kleiner zupfen.
6. Paprika und Zucchini in eine große Grillschale füllen und in der indirekten Zone unter Wenden 5–10 Minuten grillen. Für 1–2 Minuten die Nudeln und den Brokkoli zum Grillgemüse in die Schale auf dem Grill geben und gut durchmischen. Mit Salz und Pfeffer abschmecken.
7. Vor dem Servieren mit Basilikum garnieren.

TIPPS:

Das Gemüse lässt sich nach Belieben austauschen, gut schmecken Champignons oder Auberginen.

Als zusätzliches Aroma jede Portion mit 1 EL geriebenem Parmesan bestreuen.

Aus den Resten lässt sich ganz leicht ein leckerer Nudelsalat zubereiten. Dazu einfach mit Essig, Öl und Gewürzen vermischen.

Halloumi-Wassermelonen-Spieße

Zutaten

FÜR 6–8 STÜCK

1–2 dicke Scheiben Wassermelone
250 g Halloumi
2 EL Öl, z. B. Olivenöl
Saft ½ Limette
Salz, Pfeffer

Grilltemperatur

niedrige Hitze (160–180 °C)

1. Wassermelone von der Schale befreien. Halloumi und Wassermelone in etwa gleich große, grobe Würfel schneiden und gleichmäßig verteilt auf Spieße stecken.

2. Öl, Limettensaft, Salz und Pfeffer in einer Schüssel verrühren. Dann Halloumi-Wassermelonen-Spieße rundherum mit dem Öl bepinseln. Spieße ziehen lassen, bis der Grill die richtige Temperatur erreicht hat.

3. Spieße in der direkten Zone 4–5 Minuten grillen. Nach ca. 1 Minute etwas drehen und so weitermachen, bis die Spieße rundherum gegrillt sind.

TIPPS:

Dazu schmecken die eingelegten roten Zwiebeln von S. 108 und frische Basilikumblätter. Für eine süße Variante der Spieße die Marinade aus 1 EL Öl, Saft ½ Limette und 1 TL flüssigem Honig zusammenrühren.

Pink Onion Pickles – eingelegte rote Zwiebeln

Zutaten

FÜR 3 EINMACHGLÄSER À 600 ML

4–5 rote Zwiebeln (ca. 450 g)
500 ml Wasser
500 ml weißer Essig, z. B. Weißweinessig
1 EL Salz
2 EL Zucker
1 EL Senfkörner

1. Zwiebeln schälen und in sehr feine Scheiben hobeln. Dann in die Gläser verteilen und leicht festdrücken.
2. Wasser in einem Topf zum Kochen bringen, danach Topf vom Herd nehmen.
3. Die restlichen Zutaten hinzufügen und verrühren.
4. Den heißen Sud über die Zwiebeln gießen, sodass sie jeweils komplett damit bedeckt sind. Deckel auflegen, verschließen und Gläser leicht schütteln.
5. Zwiebeln mindestens 2 Stunden auskühlen lassen, dann im Kühlschrank lagern.

TIPPS:

Im Kühlschrank sind die Zwiebeln verschlossen bis zu 2 Wochen haltbar.
Als Variation zum Beispiel 1 TL Pfefferkörner oder Chiliflocken hinzufügen. Auch Apfelessig schmeckt sehr gut, der Sud ist dadurch aber nicht so klar wie bei weißem Essig.

TIPP:
Auch lecker: Crostini von beiden Seiten grillen und dann
mit den leckeren Aufstrichen ab S. 77 oder zu den
Salaten ab S. 9 genießen.

Crostini mit gegrillten Tomaten

Zutaten

FÜR 12 STÜCK

200 g bunte Kirschtomaten
6 EL Öl, z. B. Olivenöl
1 TL getrockneter Oregano oder Thymian
1 Knoblauchzehe
Salz, Pfeffer
3 Zweige frisches Basilikum
2 Kugeln Mozzarella (à 125 g)
12 Scheiben Baguette (siehe S. 70)

Grilltemperatur

niedrige Hitze (160–180 °C)

1. Tomaten waschen und mit Küchenpapier abtrocknen.
2. Öl und getrocknete Kräuter in einer Schüssel verrühren. Knoblauch schälen und hinzupressen. Öl mit Salz und Pfeffer würzen.
3. Tomaten in einer Schüssel mit 2 EL des Kräuteröls vermischen und ziehen lassen, bis der Grill die richtige Temperatur erreicht hat.
4. Basilikum waschen, mit Küchenpapier abtupfen und kleiner zupfen.
5. Mozzarellakugeln abtropfen lassen und jeweils in 6 Scheiben schneiden.
6. Tomaten in eine Grillschale füllen und ca. 5 Minuten unter Wenden grillen. Dann die Schale vom Grill nehmen.
7. Die Baguettescheiben auf beiden Seiten mit Kräuteröl bepinseln, in der direkten Zone auf den Grill legen und auf einer Seite 1–2 Minuten grillen. Dann umdrehen und jede Scheibe mit 1 Scheibe Mozzarella belegen, weitere 1–2 Minuten grillen.
8. Crostini vom Grill nehmen, mit gegrillten Kirschtomaten belegen und mit Basilikum garnieren.

Gegrillte Avocado

Zutaten

FÜR 6 STÜCK

3 Tomaten
120 g Schafskäse
1 TL Limetten- oder Zitronensaft
2 TL Öl, z. B. Olivenöl
Salz, Pfeffer
1 Knoblauchzehe
3 Avocados

Grilltemperatur

niedrige Hitze (160–180 °C)

1. Tomaten waschen, abtrocknen, putzen und klein würfeln.
2. Schafskäse fein würfeln.
3. Tomaten, Schafskäse, Limettensaft, 1 TL Öl, Salz und Pfeffer in einer Schüssel vermischen. Knoblauch schälen, hinzupressen und alles ziehen lassen, bis der Grill die richtige Temperatur erreicht hat.
4. Avocados halbieren und entkernen. Die Schnittflächen mit dem restlichen Öl bepinseln. Dann Avocadohälften mit den Schnittflächen nach unten in der direkten Zone auf den Grill legen und 3–4 Minuten grillen.
5. Avocados vom Grill nehmen und mit der Tomaten-Schafskäse-Mischung füllen. Mit Salz und Pfeffer bestreuen. Reste der Schafskäsemischung dazu essen oder auf einem Grillbrot verteilen.

TIPPS:

Für eine vegane Variante einfach statt Schafskäse 1 zusätzliche Tomate und 1 Zwiebel klein würfeln. Mit Limettensaft, Öl, Knoblauch und Gewürzen vermischen, ziehen lassen und gegrillte Avocadohälften damit befüllen. Mit frisch gehackten Kräutern wie Petersilie bestreuen.

TIPPS:

Gemüse nach Belieben verwenden, zum Beispiel auch Champignons oder Paprikaschoten.
Auch lecker: kleine Mozzarellakugeln oder Schafskäsewürfel hinzufügen.

Mediterrane Gemüsepäckchen vom Grill

Zutaten

FÜR 6 PORTIONEN

1 Zucchini
1 Aubergine
3 Tomaten
2 Knoblauchzehen
3 Zweige Oregano
1 Zweig Rosmarin oder Thymian
4 EL Öl, z. B. Olivenöl
Salz, Pfeffer

Grilltemperatur

niedrige Hitze (160–180 °C)

1. Gemüse waschen, abtrocknen, putzen, dann in grobe Stücke schneiden.
2. Knoblauch schälen und fein hacken.
3. Kräuter waschen, trocken schütteln und ebenfalls fein hacken.
4. Alle Zutaten in einer Schüssel vermischen und mit Salz und Pfeffer würzen. Gemüse so lange marinieren lassen, bis der Grill die richtige Temperatur erreicht hat.
5. 6 quadratische Stücke Backpapier und Alufolie in der gleichen Größe zuschneiden. Erst die Alufolie auf die Arbeitsfläche legen, dann das Backpapier darauflegen. Jeweils 1 Portion Gemüse in die Mitte jedes Backpapiers setzen. Backpapier und Alufolie um das Gemüse herum zu Päckchen verschließen und an den Enden fest zusammendrehen.
6. Päckchen in der indirekten Zone auf den Grill setzen und bei geschlossenem Deckel 8–12 Minuten garen.

Gegrillter Blumenkohl mit Sesamsoße

Zutaten

FÜR 4–6 PORTIONEN

5 Limetten
150 g Tahini/Sesampaste
150 ml Wasser
Salz, Pfeffer
½ TL gemahlener Kreuzkümmel
2 Knoblauchzehen
1 kg frischer Blumenkohl
5 EL Öl, z. B. Olivenöl
1 TL getrocknete Kräuter, z. B. italienische Kräuter, Oregano

Grilltemperatur

niedrige Hitze (160–180 °C)

1. ½ Limette auspressen und Saft mit Tahini, Wasser, Salz, Pfeffer und Kreuzkümmel in einer Schüssel verrühren.
2. Knoblauch schälen und hinzupressen. Sesamsoße mit Salz und Pfeffer abschmecken.
3. Blumenkohl waschen, putzen und in Röschen teilen. Röschen in einem Topf mit kochendem Salzwasser 3–5 Minuten blanchieren. In ein Sieb abgießen, abtropfen und abkühlen lassen.
4. Die restlichen Limetten auspressen und Saft in einer großen Schüssel mit Öl, getrockneten Kräutern, Salz und Pfeffer verrühren. Blumenkohl zugeben und alles gut durchmischen. Ziehen lassen, bis der Grill die richtige Temperatur erreicht hat.
5. Blumenkohl in einen Grillkorb/eine Grillpfanne legen und in der direkten Zone auf dem Grill 5–7 Minuten braten, dabei immer mal wieder wenden.
6. Gegrillten Blumenkohl mit der Sesamsoße servieren.

TIPP:
Mit frisch gehackter Petersilie oder Koriander bestreut servieren.

Auberginen-Parmesan-Piccolinis vom Grill

Zutaten

FÜR 4–6 PORTIONEN

3 Auberginen
4 EL Öl, z. B. Olivenöl
Salz, Pfeffer
200 g Kirschtomaten
150 g geriebener Parmesan

Grilltemperatur

niedrige Hitze (160–180 °C)

1. Auberginen waschen, putzen, abtrocknen und in dicke Scheiben schneiden.
2. Die Auberginenscheiben mit Olivenöl bepinseln, salzen und pfeffern und in eine Grillschale geben.
3. Tomaten waschen, abtrocknen und in Scheiben schneiden. Tomaten auf die Auberginenscheiben legen und mit Parmesan bestreuen.
4. Wenn der Grill die richtige Temperatur erreicht hat, Grillschale im direkten Bereich auf den Grill stellen und Auberginen 5–10 Minuten bei geschlossenem Deckel garen.

TIPP:
Mit frisch gehackten Kräutern und einer leckeren Soße (siehe ab S. 127) servieren.

Tomaten mit Frischkäsefüllung

Zutaten

FÜR 10 STÜCK

10 große Strauchtomaten
Salz, Pfeffer
200 g Frischkäse
100 g Schmand
1 EL Zitronensaft
1 Bund frische Gartenkräuter, z. B. Dill, Schnittlauch, Petersilie

1. Tomaten waschen, abtrocknen, vorsichtig Deckel abschneiden und das Fruchtfleisch auslöffeln. Tomateninnenseiten mit Salz und Pfeffer würzen.
2. Frischkäse, Schmand, Zitronensaft, Salz und Pfeffer in einer Schüssel verrühren.
3. Gartenkräuter waschen, trocken schütteln und fein hacken. Dann zur Frischkäsemischung geben und gut verrühren. Noch einmal mit Salz und Pfeffer abschmecken.
4. Die Tomaten mit der Creme füllen, abgeschnittene Tomatenstücke auflegen und dann mindestens 30 Minuten kalt stellen. Evtl. Reste der Füllung als Aufstrich oder Dip verwenden.

TIPPS:

Das Tomatenfruchtfleisch kann man zum Beispiel für den Ketchup von S. 140 verwenden.
Auch gut: bunte Paprika- oder Schinkenwürfel in den Frischkäse einrühren. Oder 100 g Schmand durch die gleiche Menge Thunfisch aus der Dose ersetzen.

Spinat-Lachs-Röllchen

Zutaten

FÜR 10–15 STÜCK

350 g TK-Spinat
3 Eier
Salz, Pfeffer
1 Prise geriebene Muskatnuss
200 g Frischkäse
1 EL Sahne-Meerrettich (optional)
200 g geräucherter Lachs

1. Spinat auftauen lassen.
2. Ofen auf 180 °C Ober-/Unterhitze vorheizen.
3. Die Eier trennen.
4. Eigelb, Spinat, Salz, Pfeffer und Muskatnuss in eine Schüssel geben und mit dem Stabmixer pürieren.
5. Eiweiß mit 1 Prise Salz in eine weitere Schüssel geben und mit dem Handrührgerät steif schlagen. Dann vorsichtig unter die Spinatmasse heben. Teig in rechteckiger Form auf ein mit Backpapier ausgelegtes Backblech streichen (ca. 1 cm hoch) und 8–12 Minuten im Ofen backen. Wenn der Teig fest ist, Blech aus dem Ofen nehmen und Teig abkühlen lassen.
6. Frischkäse nach Belieben mit Sahne-Meerrettich verrühren und auf den Spinatboden streichen.
7. Lachs auf dem Frischkäse verteilen und Teig eng aufrollen. Rolle mit Frischhaltefolie umwickeln und mindestens 2 Stunden im Kühlschrank durchkühlen lassen.
8. Zum Servieren Rolle in etwa 1,5–2 cm dicke Scheiben schneiden.

Salatwraps mit Thunfischfüllung

Zutaten

FÜR 12 STÜCK

300 g Thunfisch im eigenen Saft aus der Dose
285 g Mais aus der Dose
½ Bund Radieschen
½ Salatgurke
1 rote Zwiebel
2 Zitronen
Salz, Pfeffer
12 Blätter Salat, z. B. Romanasalat oder Kopfsalat

1. Thunfisch und Mais jeweils in einem Sieb abtropfen lassen.
2. Radieschen und Gurke waschen, abtrocknen, putzen und in kleine Stücke schneiden.
3. Zwiebel schälen und fein würfeln.
4. Zitronen halbieren, 1 Zitrone auspressen.
5. Thunfisch, Gemüse und Zitronensaft in einer Schüssel vermischen. Mit Salz und Pfeffer abschmecken.
6. Salatblätter waschen und trocken tupfen. Den Thunfischmix darauf anrichten.
7. Die restlichen Zitronenhälften in Stücke schneiden und zu den Wraps servieren.

TIPP:

Dazu schmecken z. B. die Joghurt-Minz-Soße (S. 128) oder das Joghurt-Dressing (S. 44).

SOSSEN, SENF UND PESTO

Joghurt-Minz-Soße

Zutaten

FÜR CA. 300 ML

2 Zweige Minze
300 g Naturjoghurt, z. B. griechischer Joghurt
2 EL Zitronensaft
Salz, Pfeffer
1 Prise Zucker oder Süßungsmittel nach Belieben

1. Minze waschen, trocken schütteln und Blättchen abzupfen, dann fein hacken.
2. Alle Zutaten vermischen und mit Salz und Pfeffer abschmecken.

TIPPS:

Knoblauchfans können noch 1–2 Knoblauchzehen hinzupressen.
Mindestens 2 Stunden im Kühlschrank durchziehen lassen.

Cremige Burgersoße

Zutaten

FÜR CA. 400 ML

300 g Mayonnaise
5 EL Ketchup (siehe S. 140)
4 TL mittelscharfer Senf
2 TL Essig, z. B. Weißweinessig
1 ½ TL edelsüßes Paprikapulver
1 TL Zucker oder Süßungsmittel nach Belieben (optional)
1 TL Salz
1 Prise gemahlener Pfeffer

1. Mayonnaise, Ketchup, Senf und Essig vermischen.
2. Gewürze unterrühren und bei Bedarf noch mit Salz und Pfeffer abschmecken.

TIPPS:

Die Soße ist ca. 4–5 Tage im Kühlschrank haltbar.
Für mehr Schärfe noch ½ TL rosenscharfes Paprikapulver, 1 Prise Cayennepfeffer oder ½ TL Chilipulver mitkochen.

Paprikasoße

Zutaten

FÜR CA. 600 ML

1 rote Paprikaschote
1 gelbe Paprikaschote
1 Zwiebel
1 EL Öl, z. B. Rapsöl
200 g stückige Tomaten aus der Dose
2 EL Tomatenmark
200 ml Gemüsebrühe
½ TL Salz
½ TL Pfeffer
1 TL edelsüßes Paprikapulver
2–3 EL Wasser oder Gemüsebrühe

1. Paprikaschoten waschen, Kerngehäuse entfernen und in kleine Würfel oder schmale Streifen schneiden.
2. Zwiebel schälen und fein würfeln.
3. Öl in einen Topf geben, Zwiebel darin ca. 1 Minute anbraten.
4. Paprika hinzufügen, ca. 3 Minuten unter Rühren mitdünsten.
5. Restliche Zutaten hinzufügen und alles ca. 20 Minuten bei niedriger Hitze köcheln lassen, bis die Paprikastücke gar gekocht sind. Evtl. noch etwas Wasser/Gemüsebrühe nachgießen, falls die Flüssigkeit zu schnell verdampft.
6. Mit den Gewürzen abschmecken.
7. Soße stückig belassen oder teilweise oder ganz pürieren.

Bacon-BBQ-Soße

Zutaten

FÜR CA. 350 ML

- 1 Zwiebel
- 1 EL Öl, z. B. Olivenöl
- 30 g geräucherte Speckwürfel
- 50 g brauner Rohrzucker
- 1 EL Essig, z. B. Apfelessig oder Weißweinessig
- 2 EL Tomatenmark
- 250 g passierte Tomaten
- 1 TL mittelscharfer Senf
- ½ TL edelsüßes Paprikapulver
- 1 EL Worcestersoße
- Salz, Pfeffer

1. Zwiebel schälen und fein würfeln.
2. Öl in einem Topf erhitzen und Zwiebel und Speckwürfel darin 2–3 Minuten andünsten.
3. Zucker darüberstreuen und leicht karamellisieren lassen.
4. Essig und Tomatenmark hinzufügen und alles gut verrühren. 1 Minute mitdünsten.
5. Passierte Tomaten und Gewürze in den Topf geben. In 15–20 Minuten bei niedriger Hitze einköcheln lassen.
6. Stückig belassen oder pürieren.
7. Mit Salz und Pfeffer abschmecken.

TIPPS:

Man kann auch frische anstatt passierter Tomaten verwenden. Dazu die Tomaten vorher mit kochendem Wasser überbrühen und häuten, dann in kleine Würfel schneiden. Die Soße mindestens 2 Stunden durchziehen lassen.

Feurige Chilisoße

Zutaten

FÜR CA. 300 ML

1 rote Paprikaschote
1 Zwiebel
3 getrocknete Chilischoten (mittelscharf oder scharf)
1 EL Öl, z. B. Olivenöl
200 g stückige Tomaten aus der Dose
1 EL Sojasoße
2 EL Essig, z. B. Weißweinessig
1 TL Zucker oder Süßungsmittel nach Belieben
½ TL Salz

1. Paprikaschote waschen, Kerngehäuse entfernen und in kleine Würfel schneiden.
2. Zwiebel schälen und fein würfeln.
3. Stiele und Grün der getrockneten Chilischoten entfernen, dann klein hacken.
4. Öl in einem Topf erhitzen und Zwiebeln darin ca. 3 Minuten andünsten.
5. Alle restlichen Zutaten hinzufügen und 10–15 Minuten bei mittlerer Hitze köcheln und eindicken lassen.
6. Nach Belieben feiner pürieren und mit Salz und Süßungsmittel nochmals abschmecken.

TIPPS:
Beim Verarbeiten von scharfen Chilis sollten Einmalhandschuhe verwendet werden. Mindestens 2 Stunden durchziehen lassen.

Mango-Chili-Senf

Zutaten

FÜR CA. 200 G

150 g Mango-Fruchtfleisch
5 EL körniger Senf
1 TL Zitronensaft
Salz, Pfeffer

1. Mango-Fruchtfleisch in grobe Stücke schneiden.
2. Mango, Senf und Zitronensaft in einer Schüssel vermengen und mit dem Stabmixer grob pürieren.
3. Mit Salz und Pfeffer abschmecken.

TIPPS:

½ TL Chiliflocken hinzufügen oder ½ Chilischote fein hacken und unterrühren. Mindestens 2 Stunden im Kühlschrank durchziehen lassen.

Käsesoße

Zutaten

FÜR CA. 400 ML

40 g Butter
2–3 EL Mehl
200 ml Milch
200 g geriebener Käse, z. B. Cheddar
1 TL edelsüßes Paprikapulver
Salz, Pfeffer

1. Butter in einem Topf schmelzen, das Mehl hineinstreuen und unter Rühren anschwitzen.
2. Milch nach und nach unter Rühren zugießen und Soße vorsichtig aufkochen lassen.
3. Cheddar einrühren und auf niedriger Hitze schmelzen lassen.
4. Soße mit Paprikapulver, Salz und Pfeffer abschmecken.

TIPPS:

1–2 EL Röstzwiebeln unterheben.
Für eine scharfe Käsesoße 1 Chilischote klein hacken und mit 1 Prise Chilipulver einrühren.

Tomatenketchup

Zutaten

FÜR CA. 1 L

1 kg Tomaten
1 Zwiebel
1 ½ EL brauner Zucker oder Süßungsmittel nach Belieben, z. B. Honig
½ TL Salz
½ TL Senfkörner oder ½ TL mittelscharfer Senf
1 TL edelsüßes Paprikapulver
3–4 EL Apfel- oder Weißweinessig

1. Tomaten waschen, den Stielansatz entfernen und Fruchtfleisch in kleine Stücke schneiden.
2. Zwiebel schälen und fein würfeln.
3. Alle Zutaten bis auf den Essig in einen Topf geben und unter gelegentlichem Umrühren bei mittlerer Hitze 20–25 Minuten köcheln lassen.
4. Dann Masse mit einem Stabmixer pürieren und für eine feinere Konsistenz portionsweise durch ein Passiersieb in eine Schüssel streichen.
5. Ketchup wieder in den Topf geben, den Essig einrühren und alles weitere 10 Minuten köcheln lassen. Falls der Ketchup noch zu flüssig ist, die Kochzeit etwas verlängern und Soße eindicken lassen.
6. Ketchup mit Salz, Paprikapulver und Zucker abschmecken.

TIPPS:

Ketchup in heiß ausgespülte Flaschen einfüllen, abkühlen lassen und dann im Kühlschrank lagern. Er ist ca. 1–2 Monate haltbar.
Für eine schnelle Version anstatt der frischen Tomaten 800 g stückige Tomaten aus der Dose verwenden.

Basilikumpesto

Zutaten

FÜR 10–15 PORTIONEN

50 g Pinienkerne
100 g Basilikum
2 Knoblauchzehen
120 ml Olivenöl
60 g geriebener Parmesan
1 Prise Pfeffer
½ TL Salz

Olivenöl zum Beträufeln

1. Pinienkerne in eine Pfanne ohne Öl geben und leicht anrösten.
2. Basilikum waschen, trocken schütteln und grob hacken.
3. Knoblauch schälen und klein schneiden.
4. Alle Zutaten in einem Mixer oder mit dem Pürierstab zu einer cremigen Masse verarbeiten. Bei Bedarf noch etwas mehr Öl hinzufügen, um eine pastöse Konsistenz zu erreichen.
5. Pesto in ein sauberes, heiß ausgewaschenes Einmachglas füllen, mit etwas Olivenöl beträufeln und Glas verschließen. Im Kühlschrank lagern.

TIPPS:

Wenn das Pesto im Glas mit einer ca. 5 mm hohen Ölschicht bedeckt ist, hält es sich im Kühlschrank 3–4 Wochen. Beim Herausnehmen von Pesto darauf achten, immer einen sauberen Löffel zu nehmen und wieder Öl nachzufüllen, sodass die obere Ölschicht intakt bleibt.

ERFRISCHENDE GETRÄNKE

Erdbeer-Eistee

Zutaten

FÜR 1,5–1,8 L

- 1 Bund Minze
- 1 l Wasser
- 1 Beutel Schwarztee
- 2 Beutel Erdbeer-, Waldfrucht- oder Hagebuttentee
- 600 g Erdbeeren
- 2 EL Ahornsirup, brauner Rohrzucker oder Süßungsmittel nach Belieben (optional)
- 1 Bio-Zitrone oder 2 Bio-Limetten
- Eiswürfel nach Belieben

1. Minze waschen und trocken schütteln.
2. Wasser in einem Topf aufkochen. Topf vom Herd nehmen und Teebeutel sowie 2 Zweige Minze einlegen. Tee je nach angegebener Ziehdauer ziehen lassen. Dann Teebeutel und Minzzweige entfernen und Tee abkühlen lassen.
3. Erdbeeren waschen, entstielen und mit dem Ahornsirup in einen Topf geben. Mit dem Stabmixer pürieren, erhitzen und ca. 5 Minuten köcheln lassen. Danach durch ein feines Sieb in einen Krug (Füllmenge ca. 2 l) passieren und mit dem Tee mischen.
4. Zitrone waschen, ½ Zitrone in Scheiben schneiden, die andere Hälfte auspressen.
5. Die restliche Minze kleiner zupfen.
6. Zitronensaft in den abgekühlten Tee rühren. Eistee mindestens 2 Stunden im Kühlschrank kühlen.
7. Eiswürfel hinzufügen. Vor dem Servieren Zitronenscheiben und Minzblätter in den Krug geben oder einzelne Gläser damit versehen.

TIPPS:

Anstatt Erdbeeren eignen sich auch andere Beeren wie Himbeeren oder gemischte Waldbeeren. Wer es süßer mag, kann noch etwas nachsüßen.

Johannisbeerschorle

Zutaten

FÜR CA. 2 L

5 Zweige Minze oder Zitronenmelisse
200 g Johannisbeeren
750 ml Johannisbeernektar
Saft ½ Zitrone
1 l kaltes Mineralwasser (mit Kohlensäure)
Eiswürfel bzw. Crushed Ice

1. Minze und Johannisbeeren waschen und mit Küchenpapier trocken tupfen.
2. Die Hälfte der Beeren vom Stängel abstreifen und zusammen mit 2 Minzzweigen in einen Krug geben.
3. Mit Johannisbeernektar, Zitronensaft und 500 ml Mineralwasser auffüllen, dann mindestens 2 Stunden kalt stellen und ziehen lassen.
4. Erst kurz vor dem Verzehr das restliche Mineralwasser zugießen.
5. Vor dem Servieren jeweils 1–2 EL Eiswürfel in Gläser füllen, die Schorle daraufgießen und die restlichen Johannisbeeren und kleiner gezupfte Minze zum Garnieren verwenden.

TIPP:
Für etwas mehr Süße (braunen) Zucker oder Süßungsmittel nach Belieben in die Schorle geben.

Pfirsich-Himbeer-Bowle

Zutaten

FÜR CA. 4 L

5 Zweige Zitronenmelisse oder Minze
300 g Himbeeren
3 Pfirsiche
2 Limetten oder 1 Zitrone
1 l Pfirsichsaft
1 l Himbeersaft
1 l kaltes Mineralwasser (mit Kohlensäure)
150 g Eiswürfel bzw. Crushed Ice

1. Melisse, Himbeeren und Pfirsiche waschen und mit Küchenpapier abtrocknen.
2. Pfirsiche entkernen und in Spalten schneiden. Einen Teil der Pfirsichspalten und 3 Melissenzweige zum Garnieren beiseitelegen.
3. Limetten auspressen.
4. 2 Melissenzweige, Himbeeren, Pfirsiche, Limettensaft, Pfirsich- und Himbeersaft in das Bowleglas geben und mindestens 2 Stunden kalt stellen und ziehen lassen.
5. Erst kurz vor dem Verzehr Mineralwasser und Eiswürfel zufügen. Die restlichen Pfirsichspalten und die klein gezupfte Melisse in das Bowleglas geben oder einzelne Gläser damit bestücken.

TIPPS:

Für eine Bowle mit Alkohol ersetzt man das Mineralwasser durch Sekt.
Für etwas mehr Süße (braunen) Zucker oder Süßungsmittel nach Belieben, z. B. Himbeersirup, in die Bowle rühren.
Um eine Beeren-Bowle zuzubereiten, statt der Pfirsiche 500 g gemischte Beeren und noch 1–2 in Scheiben geschnittene Limetten zufügen. Statt Pfirsichsaft Apfelsaft verwenden.

Wassermelonen-Slushie

Zutaten

FÜR 4 PORTIONEN

1 kg Wassermelone
8 Erdbeeren

1. Schale der Wassermelone entfernen und Fruchtfleisch in Würfel schneiden.
2. Erdbeeren waschen und das Grün entfernen.
3. Wassermelonenstücke und Erdbeeren mindestens 5 Stunden einfrieren.
4. Früchte direkt vor dem Verzehr mit der Küchenmaschine grob zerkleinern und dann in Gläser füllen.

TIPPS:
Der Slushie lässt sich auch sehr gut mit anderen wasserhaltigen Früchten wie Himbeeren oder Pfirsich zubereiten. Zum Servieren mit frischer Minze und frischen Früchten garnieren.

Fruit Infused Water
Zitrone-Beere

Zutaten

FÜR CA. 1,4 L

1 kleine Handvoll Minze
150 g Heidelbeeren oder gemischte Beeren, z. B. Erdbeeren, Himbeeren, Johannisbeeren
2 Bio-Zitronen
500 ml kaltes Wasser (ohne Kohlensäure)
500 ml kaltes Mineralwasser (mit Kohlensäure)
Eiswürfel

1. Minze waschen, Blätter abzupfen oder die ganzen Zweige in einen Krug mit ca. 1 ½ l Fassungsvermögen legen.
2. Beeren waschen, verlesen, eventuell entstielen und zur Minze in den Krug geben.
3. Zitronen waschen, 1 Zitrone in Scheiben schneiden, die andere Zitrone auspressen. Zitronensaft, -scheiben und Wasser in den Krug füllen. Im Kühlschrank mindestens 2 Stunden, am besten über Nacht ziehen lassen.
4. Vor dem Verzehr Eiswürfel hinzufügen.

Orange-Zitrone-Melisse

Zutaten

FÜR CA. 1,4 L

1 kleine Handvoll Zitronenmelisse
1 Bio-Orange
1 Bio-Zitrone
500 ml kaltes Wasser (ohne Kohlensäure)
500 ml kaltes Mineralwasser (mit Kohlensäure)
Eiswürfel

1. Melisse waschen und Blätter abzupfen oder ganze Zweige in einen Krug mit ca. 1 ½ l Fassungsvermögen legen.
2. Orange waschen und in Scheiben schneiden. Zur Melisse hinzufügen.
3. Zitrone auspressen und Saft mit dem Wasser in den Krug gießen. Wasser im Kühlschrank mindestens 2 Stunden, am besten über Nacht ziehen lassen.
4. Vor dem Verzehr Eiswürfel hinzufügen.

Limette-Minze

Zutaten

FÜR CA. 1,4 L

1 kleine Handvoll Minzblätter
2 Bio-Limetten
500 ml kaltes Wasser (ohne Kohlensäure)
500 ml kaltes Mineralwasser (mit Kohlensäure)
Eiswürfel

1. Minze waschen und in einen Krug mit ca. 1 ½ l Fassungsvermögen legen.
2. Limetten waschen, 1 Limette in Scheiben schneiden, die andere Limette auspressen. Limettenscheiben und -saft zur Minze in den Krug geben und mit Wasser aufgießen. Im Kühlschrank mindestens 2 Stunden, am besten über Nacht ziehen lassen.
3. Vor dem Verzehr Eiswürfel hinzufügen.

Bonusmaterial zum Buch

Auf **happyfitfood.de/grillbeilagen** habe ich Ihnen weitere Tipps und hilfreiche Downloads rund um die nächste Grillparty zusammengestellt. Sie finden dort zum Beispiel Ideen und Rezepte für leckere Schicht- und Nudelsalate und Infos zu verwendeten Produkten (Grill- und Grillzubehör, dekoratives Geschirr und Schüsseln etc.).

Herzliche Grüße
Veronika Pichl

Zutatenregister

Bildnachweis

Shutterstock.com

S. 7: Yusev; S. 8 links oben + S. 15: Svetlana Monyakova; S. 7 links unten + S. 27: Sunvic; S. 7 rechts oben + S. 40: Timolina; S. 16: Nataliya Arzamasova; S. 19: zefirchik06; S. 20: Damada; S. 24: Anna Shepulova; S. 28: Svetlana Monyakova; S. 31: 5PH; S. 32: Brent Hofacker; S. 35: Sunvic; S. 36: Ivanna Pavliuk; S. 39: nesavinov; S. 42 links oben + S. 46: Lapina Maria; S. 42 links unten + S. 49 + S. 42 rechts oben + S. 50 + S. 42 rechts unten + S. 45: Elena Veselova; S. 47: P-fotography; S. 52 links oben + S. 75: Jiri Hera; S. 52 links unten + S. 69: Barbara Neveu; S. 52 rechts unten + S. 63: Katty S; S. 60: Erhan Inga; S. 64: ltummy; S. 67: Svetlana Monyakova; S. 71: A_Lein; S. 72: margouillat photo; S. 78: DronG; S. 85: HandmadePictures; S. 76 rechts oben + S. 79: MariaKovaleva; S. 80: Geshas; S. 84: HandmadePictures; S. 76 rechts unten + S. 87: Natasha Breen; S. 90 links oben + S. 98: nblx; S. 90 links unten + S. 105: Liliya Kandrashevich; S. 90 rechts oben + S. 113: Svetlana Monyakova; S. 90 rechts unten + S. 94: Sunvic; S. 97: zi3000; S. 101: sweet marshmallow; S. 102: zi3000; S. 106: Magdanatka; S. 109: yingko; S. 110: vlasna; S. 114: Ildi Papp; S. 117: Tejal Pandya; S. 118: Africa Studio; S. 121: Chatham172; S. 122: Lesya Dolyuk; S. 125: Anna Shepulova; S. 126 links unten + S. 137: MariaKovaleva; S. 126 rechts oben + S. 134: Anna_Pustynnikova; S. 126 rechts unten + S. 142: Olena Rudo; S. 128: Alp Aksoy; S. 129: Rimma Bondarenko; S. 130: doliux; S. 133: Jiri Hera; S. 144 links unten + S. 151: svitlini; S. 144 rechts oben + S. 148: Svittlana; S. 44 rechts unten + S. 147: Ayca Yalciner; S. 152: NatalyaBond; S. 157: Fascinadora

S. 59: Vanessa Faschingbauer

Stephanie Just

S. 11, S. 12, S. 52 rechts oben + S. 56: S. 76 links oben + S. 88, S. 76 links unten + S. 83, S. 93, S. 126 links oben + S. 138, S. 141, S. 144 links oben + S. 155

United Media Solution GmbH

S. 8 rechts unten + S. 23, 52 rechts oben + S. 56, S. 55